I0177017

GREGO
VOCABULÁRIO

PORTUGUÊS GREGO

Para alargar o seu léxico e apurar
as suas competências linguísticas

3000 palavras

Vocabulário Português Brasileiro-Grego - 3000 palavras

Por Andrey Taranov

Os vocabulários da T&P Books destinam-se a ajudar a aprender, a memorizar, e a rever palavras estrangeiras. O dicionário é dividido em temas, cobrindo todas as principais esferas de atividades quotidianas, negócios, ciência, cultura, etc.

O processo de aprendizagem, utilizando os dicionários baseados em temáticas da T&P Books dá-lhe as seguintes vantagens:

- Informação de origem corretamente agrupada predetermina o sucesso em fases subsequentes da memorização de palavras
- Disponibilização de palavras derivadas da mesma raiz, o que permite a memorização de unidades de texto (em vez de palavras separadas)
- Pequenas unidades de palavras facilitam o processo de estabelecimento de vínculos associativos necessários para a consolidação do vocabulário
- O nível de conhecimento da língua pode ser estimado pelo número de palavras aprendidas

T&P Books Publishing
www.tpbooks.com

ISBN: 978-1-78767-414-1

Este livro também está disponível em formato E-book.
Por favor visite www.tpbooks.com ou as principais livrarias on-line.

VOCABULÁRIO GREGO
palavras mais úteis

Os vocabulários da T&P Books destinam-se a ajudar a aprender, a memorizar, e a rever palavras estrangeiras. O vocabulário contém mais de 3000 palavras de uso comum organizadas tematicamente.

O vocabulário contém as palavras mais comummente usadas
Recomendado como adicional para qualquer curso de línguas
Satisfaz as necessidades dos iniciados e dos alunos avançados de línguas estrangeiras
Conveniente para o uso diário, sessões de revisão e atividades de auto-teste
Permite avaliar o seu vocabulário

Características especias do vocabulário

- As palavras estão organizadas de acordo com o seu significado, e não por ordem alfabética
- As palavras são apresentadas em três colunas para facilitar os processos de revisão e auto-teste
- As palavras compostas são divididas em pequenos blocos para facilitar o processo de aprendizagem
- O vocabulário oferece uma transcrição simples e adequada de cada palavra estrangeira

O vocabulário contém 101 tópicos incluindo:

Conceitos básicos, Números, Cores, Meses, Estações do ano, Unidades de medida, Roupas & Acessórios, Alimentos & Nutrição, Restaurante, Membros da Família, Parentes, Caráter, Sentimentos, Emoções, Doenças, Cidade, Passeios, Compras, Dinheiro, Casa, Lar, Escritório, Trabalho no Escritório, Importação & Exportação, Marketing, Pesquisa de Emprego, Esportes, Educação, Computador, Internet, Ferramentas, Natureza, Países, Nacionalidades e muito mais ...

TABELA DE CONTEÚDOS

GUIA DE PRONUNCIAÇÃO

Alfabeto fonético T&P   **Exemplo Grego**   **Exemplo Português**

[a]	αγαπάω [aɣapáo]	chamar
[e]	έπαινος [épenos]	metal
[i]	φυσικός [fisikós]	sinônimo
[o]	οθόνη [oθóni]	lobo
[u]	βουτάω [vutáo]	bonita
[b]	καμπάνα [kabána]	barril
[d]	ντετέκτιβ [detéktiv]	dentista
[f]	ράμφος [rámfos]	safári
[g]	γκολφ [golˡf]	gosto
[ɣ]	γραβάτα [ɣraváta]	agora
[j]	μπάιτ [bájt]	Vietnã
[ʝ]	Αίγυπτος [éjiptos]	Vietnã
[k]	ακόντιο [akóndio]	aquilo
[lʲ]	αλάτι [alʲáti]	barulho
[m]	μάγος [máɣos]	magnólia
[n]	ασανσέρ [asansér]	natureza
[p]	βλέπω [vlépo]	presente
[r]	ρόμβος [rómvos]	riscar
[s]	σαλάτα [salʲáta]	sanita
[ð]	πόδι [póði]	[z] - fricativa dental sonora não-sibilante
[θ]	λάθος [lʲáθos]	[s] - fricativa dental surda não-sibilante
[t]	κινητό [kinitó]	tulipa
[ʧ]	check-in [ʧek-in]	Tchau!
[v]	βραχιόλι [vraxióli]	fava
[x]	νύχτα [níxta]	fricativa uvular surda
[w]	ουίσκι [wíski]	página web
[z]	κουζίνα [kuzína]	sésamo
[']	έξι [éksi]	acento principal

ABREVIATURAS
usadas no vocabulário

Abreviaturas do Português

adj	-	adjetivo
adv	-	advérbio
anim.	-	animado
conj.	-	conjunção
desp.	-	esporte
etc.	-	Etcetera
ex.	-	por exemplo
f	-	nome feminino
f pl	-	feminino plural
fem.	-	feminino
inanim.	-	inanimado
m	-	nome masculino
m pl	-	masculino plural
m, f	-	masculino, feminino
masc.	-	masculino
mat.	-	matemática
mil.	-	militar
pl	=	plural
prep.	-	preposição
pron.	-	pronome
sb.	-	sobre
sing.	-	singular
v aux	-	verbo auxiliar
vi	-	verbo intransitivo
vi, vt	-	verbo intransitivo, transitivo
vr	-	verbo reflexivo
vt	-	verbo transitivo

Abreviaturas do Grego

αρ.	-	nome masculino
αρ.πλ.	-	masculino plural
αρ./θηλ.	-	masculino, feminino
θηλ.	-	nome feminino
θηλ.πλ.	-	feminino plural
ουδ.	-	neutro
ουδ.πλ.	-	neutro plural
πλ.	-	plural

CONCEITOS BÁSICOS

1. Pronomes

eu	εγώ	[eγó]
você	εσύ	[esí]
ele	αυτός	[aftós]
ela	αυτή	[aftí]
ele, ela (neutro)	αυτό	[aftó]
nós	εμείς	[emís]
vocês	εσείς	[esís]

2. Cumprimentos. Saudações

Oi!	Γεια σου!	[ja su]
Olá!	Γεια σας!	[ja sas]
Bom dia!	Καλημέρα!	[kaliméra]
Boa tarde!	Καλό απόγευμα!	[kaľó apójevma]
Boa noite!	Καλησπέρα!	[kalispéra]
cumprimentar (vt)	χαιρετώ	[xeretó]
Oi!	Γεια!	[ja]
saudação (f)	χαιρετισμός (αp.)	[xeretizmós]
saudar (vt)	χαιρετώ	[xeretó]
E aí, novidades?	Τι νέα;	[ti néa]
Até breve!	Τα λέμε σύντομα!	[ta léme síndoma]
Adeus! (sing.)	Αντίο!	[adío]
Adeus! (pl)	Αντίο σας!	[adío sas]
despedir-se (dizer adeus)	αποχαιρετώ	[apoxeretó]
Até mais!	Γεια!	[ja]
Obrigado! -a!	Ευχαριστώ!	[efxaristó]
Muito obrigado! -a!	Ευχαριστώ πολύ!	[efxaristó polí]
De nada	Παρακαλώ	[parakaľó]
Não tem de quê	Δεν είναι τίποτα	[ðen íne típota]
Não foi nada!	Τίποτα	[típota]
Desculpa!	Με συγχωρείς!	[me sinxorís]
Desculpe!	Με συγχωρείτε!	[me sinxoríte]
desculpar (vt)	συγχωρώ	[sinxoró]
desculpar-se (vr)	ζητώ συγνώμη	[zitó siχnómi]
Me desculpe	Συγνώμη	[siχnómi]
Desculpe!	Με συγχωρείτε!	[me sinxoríte]
perdoar (vt)	συγχωρώ	[sinxoró]

por favor	παρακαλώ	[parakaḷó]
Não se esqueça!	Μην ξεχάσετε!	[min ksexásete]
Com certeza!	Βεβαίως! Φυσικά!	[vevéos], [fisiká]
Claro que não!	Όχι βέβαια!	[óxi vévea]
Está bem! De acordo!	Συμφωνώ!	[simfonó]
Chega!	Αρκετά!	[arketá]

3. Questões

Quem?	Ποιος;	[pios]
O que?	Τι;	[ti]
Onde?	Πού;	[pú]
Para onde?	Πού;	[pú]
De onde?	Από πού;	[apó pú]

Quando?	Πότε;	[póte]
Para quê?	Γιατί;	[jatí]
Por quê?	Γιατί;	[jatí]

Para quê?	Γιατί;	[jatí]
Como?	Πώς;	[pos]
Qual (~ é o problema?)	Ποιος;	[pios]
Qual (~ deles?)	Ποιος;	[pios]

A quem?	Σε ποιον;	[se pion]
De quem?	Για ποιον;	[ja pion]
Do quê?	Για ποιο;	[ja pio]
Com quem?	Με ποιον;	[me pion]

Quantos? -as?	Πόσα;	[pósa]
Quanto?	Πόσο;	[póso]
De quem? (masc.)	Ποιανού;	[pianú]

4. Preposições

com (prep.)	με	[me]
sem (prep.)	χωρίς	[xorís]
a, para (exprime lugar)	σε	[se]
sobre (ex. falar ~)	για	[ja]

antes de ...	πριν	[prin]
em frente de ...	μπροστά	[brostá]

debaixo de ...	κάτω από	[káto apó]
sobre (em cima de)	πάνω από	[páno apó]
em ..., sobre ...	σε	[se]

de, do (sou ~ Rio de Janeiro)	από	[apó]
de (feito ~ pedra)	από	[apó]

em (~ 3 dias)	σε ...	[se ...]
por cima de ...	πάνω από	[páno apó]

5. Palavras funcionais. Advérbios. Parte 1

Onde?	Πού;	[pú]
aqui	εδώ	[eðó]
lá, ali	εκεί	[ekí]

em algum lugar	κάπου	[kápu]
em lugar nenhum	πουθενά	[puθená]

perto de ...	δίπλα	[ðípⁱa]
perto da janela	δίπλα στο παράθυρο	[ðípⁱa sto paráθiro]

Para onde?	Πού;	[pú]
aqui	εδώ	[eðó]
para lá	εκεί	[ekí]
daqui	αποδώ	[apoðó]
de lá, dali	αποκεί	[apokí]

perto	κοντά	[kondá]
longe	μακριά	[makriá]

perto de ...	κοντά σε	[kondá se]
à mão, perto	κοντά	[kondá]
não fica longe	κοντά	[kondá]

esquerdo (adj)	αριστερός	[aristerós]
à esquerda	στα αριστερά	[sta aristerá]
para a esquerda	αριστερά	[aristerá]

direito (adj)	δεξιός	[ðeksiós]
à direita	στα δεξιά	[sta ðeksiá]
para a direita	δεξιά	[ðeksiá]

em frente	μπροστά	[brostá]
da frente	μπροστινός	[brostinós]
adiante (para a frente)	μπροστά	[brostá]

atrás de ...	πίσω	[píso]
de trás	από πίσω	[apó píso]
para trás	πίσω	[píso]

meio (m), metade (f)	μέση (θηλ.)	[mési]
no meio	στη μέση	[sti mési]

do lado	από το πλάι	[apó to plⁱáj]
em todo lugar	παντού	[pandú]
por todos os lados	γύρω	[jíro]

de dentro	από μέσα	[apó mésa]
para algum lugar	κάπου	[kápu]
diretamente	κατ'ευθείαν	[katefθían]
de volta	πίσω	[píso]

de algum lugar	από οπουδήποτε	[apó opuðípote]
de algum lugar	από κάπου	[apó kápu]

em primeiro lugar	πρώτον	[próton]
em segundo lugar	δεύτερον	[ðéfteron]
em terceiro lugar	τρίτον	[tríton]
de repente	ξαφνικά	[ksafniká]
no início	στην αρχή	[stin arxí]
pela primeira vez	πρώτη φορά	[próti forá]
muito antes de ...	πολύ πριν από ...	[polí prin apó]
de novo	εκ νέου	[ek néu]
para sempre	για πάντα	[ja pánda]
nunca	ποτέ	[poté]
de novo	πάλι	[páli]
agora	τώρα	[tóra]
frequentemente	συχνά	[sixná]
então	τότε	[tóte]
urgentemente	επειγόντως	[epiɣóndos]
normalmente	συνήθως	[siníθos]
a propósito, ...	παρεμπιπτόντως, ...	[parembiptóndos]
é possível	πιθανόν	[piθanón]
provavelmente	πιθανόν	[piθanón]
talvez	ίσως	[ísos]
além disso, ...	εξάλλου ...	[eksálʲu]
por isso ...	συνεπώς	[sinepós]
apesar de ...	παρόλο που ...	[parólʲo pu]
graças a ...	χάρη σε ...	[xári se]
que (pron.)	τι	[ti]
que (conj.)	ότι	[óti]
algo	κάτι	[káti]
alguma coisa	οτιδήποτε	[otiðípυte]
nada	τίποτα	[típota]
quem	ποιος	[pios]
alguém (~ que ...)	κάποιος	[kápios]
alguém (com ~)	κάποιος	[kápios]
ninguém	κανένας	[kanénas]
para lugar nenhum	πουθενά	[puθená]
de ninguém	κανενός	[kanenós]
de alguém	κάποιου	[kápiu]
tão	έτσι	[étsi]
também (gostaria ~ de ...)	επίσης	[epísis]
também (~ eu)	επίσης	[epísis]

6. Palavras funcionais. Advérbios. Parte 2

Por quê?	Γιατί;	[jatí]
por alguma razão	για κάποιο λόγο	[ja kápio lʲóɣo]
porque ...	διότι ...	[ðióti]
por qualquer razão	για κάποιο λόγο	[ja kápio lʲóɣo]
e (tu ~ eu)	και	[ke]

ou (ser ~ não ser)	ή	[i]
mas (porém)	μα	[ma]
para (~ a minha mãe)	για	[ja]
muito, demais	πάρα	[pára]
só, somente	μόνο	[móno]
exatamente	ακριβώς	[akrivós]
cerca de (~ 10 kg)	περίπου	[perípu]
aproximadamente	κατά προσέγγιση	[katá proséngisi]
aproximado (adj)	προσεγγιστικός	[prosengistikós]
quase	σχεδόν	[sxeðón]
resto (m)	υπόλοιπο (ουδ.)	[ipólipo]
cada (adj)	κάθε	[káθe]
qualquer (adj)	οποιοσδήποτε	[opiozðípote]
muitas pessoas	πολλοί	[polí]
todos	όλοι	[óli]
em troca de ...	... σε αντάλλαγμα	[se andál'aγma]
em troca	σε αντάλλαγμα	[se andál'aγma]
à mão	με το χέρι	[me to xéri]
pouco provável	δύσκολα	[ðískol'a]
provavelmente	πιθανόν	[piθanón]
de propósito	επίτηδες	[epítiðes]
por acidente	κατά λάθος	[katá l'áθos]
muito	πολύ	[polí]
por exemplo	για παράδειγμα	[ja paráðiγma]
entre	μεταξύ	[metaksí]
entre (no meio de)	ανάμεσα	[anámesa]
tanto	τόσο πολύ	[tóso polí]
especialmente	ιδιαίτερα	[iðiétera]

NÚMEROS. DIVERSOS

7. Números cardinais. Parte 1

zero	μηδέν	[miðén]
um	ένα	[éna]
dois	δύο	[ðío]
três	τρία	[tría]
quatro	τέσσερα	[tésera]
cinco	πέντε	[pénde]
seis	έξι	[éksi]
sete	εφτά	[eftá]
oito	οχτώ	[oxtó]
nove	εννέα	[enéa]
dez	δέκα	[ðéka]
onze	ένδεκα	[énðeka]
doze	δώδεκα	[ðóðeka]
treze	δεκατρία	[ðekatría]
catorze	δεκατέσσερα	[ðekatésera]
quinze	δεκαπέντε	[ðekapénde]
dezesseis	δεκαέξι	[ðekaéksi]
dezessete	δεκαεφτά	[ðekaeftá]
dezoito	δεκαοχτώ	[ðekaoxtó]
dezenove	δεκαεννέα	[ðekaenéa]
vinte	είκοσι	[íkosi]
vinte e um	είκοσι ένα	[íkosi éna]
vinte e dois	είκοσι δύο	[ikosi ðío]
vinte e três	είκοσι τρία	[ikosi tría]
trinta	τριάντα	[triánda]
trinta e um	τριάντα ένα	[triánda éna]
trinta e dois	τριάντα δύο	[triánda ðío]
trinta e três	τριάντα τρία	[triánda tría]
quarenta	σαράντα	[saránda]
quarenta e um	σαράντα ένα	[saránda éna]
quarenta e dois	σαράντα δύο	[saránda ðío]
quarenta e três	σαράντα τρία	[saránda tría]
cinquenta	πενήντα	[penínda]
cinquenta e um	πενήντα ένα	[penínda éna]
cinquenta e dois	πενήντα δύο	[penínda ðío]
cinquenta e três	πενήντα τρία	[penínda tría]
sessenta	εξήντα	[eksínda]
sessenta e um	εξήντα ένα	[eksínda éna]

| sessenta e dois | εξήντα δύο | [eksínda ðío] |
| sessenta e três | εξήντα τρία | [eksínda tría] |

setenta	εβδομήντα	[evðomínda]
setenta e um	εβδομήντα ένα	[evðomínda éna]
setenta e dois	εβδομήντα δύο	[evðomínda ðío]
setenta e três	εβδομήντα τρία	[evðomínda tría]

oitenta	ογδόντα	[oɣðónda]
oitenta e um	ογδόντα ένα	[oɣðónda éna]
oitenta e dois	ογδόντα δύο	[oɣðónda ðío]
oitenta e três	ογδόντα τρία	[oɣðónda tría]

noventa	ενενήντα	[enenínda]
noventa e um	ενενήντα ένα	[enenínda éna]
noventa e dois	ενενήντα δύο	[enenínda ðío]
noventa e três	ενενήντα τρία	[enenínda tría]

8. Números cardinais. Parte 2

cem	εκατό	[ekató]
duzentos	διακόσια	[ðiakósia]
trezentos	τριακόσια	[triakósia]
quatrocentos	τετρακόσια	[tetrakósia]
quinhentos	πεντακόσια	[pendakósia]

seiscentos	εξακόσια	[eksakósia]
setecentos	εφτακόσια	[eftakósia]
oitocentos	οχτακόσια	[oxtakósia]
novecentos	εννιακόσια	[eniakósia]

mil	χίλια	[xília]
dois mil	δύο χιλιάδες	[ðío xiliáðes]
três mil	τρεις χιλιάδες	[tris xiliáðes]
dez mil	δέκα χιλιάδες	[ðéka xiliáðes]
cem mil	εκατό χιλιάδες	[ekató xiliáðes]
um milhão	εκατομμύριο (ουδ.)	[ekatomírio]
um bilhão	δισεκατομμύριο (ουδ.)	[ðisekatomírio]

9. Números ordinais

primeiro (adj)	πρώτος	[prótos]
segundo (adj)	δεύτερος	[ðéfteros]
terceiro (adj)	τρίτος	[trítos]
quarto (adj)	τέταρτος	[tétartos]
quinto (adj)	πέμπτος	[pémptos]

sexto (adj)	έκτος	[éktos]
sétimo (adj)	έβδομος	[évðomos]
oitavo (adj)	όγδοος	[óɣðoos]
nono (adj)	ένατος	[énatos]
décimo (adj)	δέκατος	[ðékatos]

CORES. UNIDADES DE MEDIDA

10. Cores

cor (f)	χρώμα (ουδ.)	[xróma]
tom (m)	απόχρωση (θηλ.)	[apóxrosi]
tonalidade (m)	τόνος (αρ.)	[tónos]
arco-íris (m)	ουράνιο τόξο (ουδ.)	[uránio tókso]

branco (adj)	λευκός, άσπρος	[lefkós], [áspros]
preto (adj)	μαύρος	[mávros]
cinza (adj)	γκρίζος	[grízos]

verde (adj)	πράσινος	[prásinos]
amarelo (adj)	κίτρινος	[kítrinos]
vermelho (adj)	κόκκινος	[kókinos]

azul (adj)	μπλε	[ble]
azul claro (adj)	γαλανός	[ɣalʲanós]
rosa (adj)	ροζ	[roz]
laranja (adj)	πορτοκαλί	[portokalí]
violeta (adj)	βιολετί	[violetí]
marrom (adj)	καφετής	[kafetís]

dourado (adj)	χρυσός	[xrisós]
prateado (adj)	αργυρόχροος	[arɣiróxruos]

bege (adj)	μπεζ	[bez]
creme (adj)	κρεμ	[krem]
turquesa (adj)	τιρκουάζ, τουρκουάζ	[tirkuáz], [turkuáz]
vermelho cereja (adj)	βυσσινής	[visinís]
lilás (adj)	λιλά, λουλακής	[lilʲá], [lʲulʲakís]
carmim (adj)	βαθυκόκκινος	[vaθikókinos]

claro (adj)	ανοιχτός	[anixtós]
escuro (adj)	σκούρος	[skúros]
vivo (adj)	έντονος	[édonos]

de cor	έγχρωμος	[énxromos]
a cores	έγχρωμος	[énxromos]
preto e branco (adj)	ασπρόμαυρος	[asprómavros]
unicolor (de uma só cor)	μονόχρωμος	[monóxromos]
multicolor (adj)	πολύχρωμος	[políxromos]

11. Unidades de medida

peso (m)	βάρος (ουδ.)	[város]
comprimento (m)	μάκρος (ουδ.)	[mákros]

largura (f)	πλάτος (ουδ.)	[plátos]
altura (f)	ύψος (ουδ.)	[ípsos]
profundidade (f)	βάθος (ουδ.)	[váθos]
volume (m)	όγκος (αρ.)	[óngos]
área (f)	εμβαδόν (ουδ.)	[emvaðón]

grama (m)	γραμμάριο (ουδ.)	[γramário]
miligrama (m)	χιλιοστόγραμμο (ουδ.)	[xiliostóγramo]
quilograma (m)	κιλό (ουδ.)	[kiló]
tonelada (f)	τόνος (αρ.)	[tónos]
libra (453,6 gramas)	λίβρα (θηλ.)	[lívra]
onça (f)	ουγγιά (θηλ.)	[ungiá]

metro (m)	μέτρο (ουδ.)	[métro]
milímetro (m)	χιλιοστό (ουδ.)	[xiliostó]
centímetro (m)	εκατοστό (ουδ.)	[ekatostó]
quilômetro (m)	χιλιόμετρο (ουδ.)	[xiliómetro]
milha (f)	μίλι (ουδ.)	[míli]

polegada (f)	ίντσα (θηλ.)	[íntsa]
pé (304,74 mm)	πόδι (ουδ.)	[póði]
jarda (914,383 mm)	γιάρδα (θηλ.)	[járða]

metro (m) quadrado	τετραγωνικό μέτρο (ουδ.)	[tetraγonikó métro]
hectare (m)	εκτάριο (ουδ.)	[ektário]

litro (m)	λίτρο (ουδ.)	[lítro]
grau (m)	βαθμός (αρ.)	[vaθmós]
volt (m)	βολτ (ουδ.)	[volt]
ampère (m)	αμπέρ (ουδ.)	[ambér]
cavalo (m) de potência	ιπποδύναμη (θηλ.)	[ipoðínami]

quantidade (f)	ποσότητα (θηλ.)	[posótita]
um pouco de ...	λίγος ...	[líγos]
metade (f)	μισό (ουδ.)	[misó]
dúzia (f)	δωδεκάδα (θηλ.)	[ðoðekáða]
peça (f)	τεμάχιο (ουδ.)	[temáxio]

tamanho (m), dimensão (f)	μέγεθος (ουδ.)	[méjeθos]
escala (f)	κλίμακα (θηλ.)	[klímaka]

mínimo (adj)	ελάχιστος	[elláxistos]
menor, mais pequeno	μικρότερος	[mikróteros]
médio (adj)	μεσαίος	[meséos]
máximo (adj)	μέγιστος	[méjistos]
maior, mais grande	μεγαλύτερος	[meγalíteros]

12. Recipientes

pote (m) de vidro	βάζο (ουδ.)	[vázo]
lata (~ de cerveja)	κουτί (ουδ.)	[kutí]
balde (m)	κουβάς (αρ.)	[kuvás]
barril (m)	βαρέλι (ουδ.)	[varéli]
bacia (~ de plástico)	λεκάνη (θηλ.)	[lekáni]

tanque (m)	δεξαμενή (θηλ.)	[ðeksamení]
cantil (m) de bolso	φλασκί (ουδ.)	[fliaskí]
galão (m) de gasolina	κάνιστρο (ουδ.)	[kánistro]
cisterna (f)	δεξαμενή (θηλ.)	[ðeksamení]

caneca (f)	κούπα (θηλ.)	[kúpa]
xícara (f)	φλιτζάνι (ουδ.)	[flidzáni]
pires (m)	πιατάκι (ουδ.)	[piatáki]
copo (m)	ποτήρι (ουδ.)	[potíri]
taça (f) de vinho	κρασοπότηρο (ουδ.)	[krasopótiro]
panela (f)	κατσαρόλα (θηλ.)	[katsarólia]

garrafa (f)	μπουκάλι (ουδ.)	[bukáli]
gargalo (m)	λαιμός (αρ.)	[lemós]

jarra (f)	καράφα (θηλ.)	[karáfa]
jarro (m)	κανάτα (θηλ.)	[kanáta]
recipiente (m)	δοχείο (ουδ.)	[ðoxío]
pote (m)	πήλινο (ουδ.)	[pílino]
vaso (m)	βάζο (ουδ.)	[vázo]

frasco (~ de perfume)	μπουκαλάκι (ουδ.)	[bukaliáki]
frasquinho (m)	φιαλίδιο (ουδ.)	[fialíðio]
tubo (m)	σωληνάριο (ουδ.)	[solinário]

saco (ex. ~ de açúcar)	σακί, τσουβάλι (ουδ.)	[sakí], [tsuváli]
sacola (~ plastica)	σακούλα (θηλ.)	[sakúlia]
maço (de cigarros, etc.)	πακέτο (ουδ.)	[pakéto]

caixa (~ de sapatos, etc.)	κουτί (ουδ.)	[kutí]
caixote (- de madeira)	κιβώτιο (ουδ.)	[kivótio]
cesto (m)	καλάθι (ουδ.)	[kaliáθi]

VERBOS PRINCIPAIS

13. Os verbos mais importantes. Parte 1

abrir (vt)	ανοίγω	[aníγo]
acabar, terminar (vt)	τελειώνω	[telióno]
aconselhar (vt)	συμβουλεύω	[simvulévo]
adivinhar (vt)	μαντεύω	[mandévo]
advertir (vt)	προειδοποιώ	[proiδopió]

ajudar (vt)	βοηθώ	[voiθó]
almoçar (vi)	τρώω μεσημεριανό	[tróo mesimerianó]
alugar (~ um apartamento)	νοικιάζω	[nikiázo]
amar (pessoa)	αγαπάω	[aγapáo]
ameaçar (vt)	απειλώ	[apili'ó]

anotar (escrever)	σημειώνω	[simióno]
apressar-se (vr)	βιάζομαι	[viázome]
arrepender-se (vr)	λυπάμαι	[lipáme]
assinar (vt)	υπογράφω	[ipoγráfo]
brincar (vi)	αστειεύομαι	[astiévome]

brincar, jogar (vi, vt)	παίζω	[pézo]
buscar (vt)	ψάχνω	[psáxno]
caçar (vi)	κυνηγώ	[kiniγó]
cair (vi)	πέφτω	[péfto]

cavar (vt)	σκάβω	[skávo]
chamar (~ por socorro)	καλώ	[kali'ó]

chegar (vi)	έρχομαι	[érxome]
chorar (vi)	κλαίω	[kléo]
começar (vt)	αρχίζω	[arxízo]

comparar (vt)	συγκρίνω	[singríno]
concordar (dizer "sim")	συμφωνώ	[simfonó]

confiar (vt)	εμπιστεύομαι	[embistévome]
confundir (equivocar-se)	μπερδεύω	[berδévo]
conhecer (vt)	γνωρίζω	[γnorízo]
contar (fazer contas)	υπολογίζω	[ipoli'ojízo]

contar com ...	υπολογίζω σε ...	[ipoli'ojízo se]
continuar (vt)	συνεχίζω	[sinexízo]

controlar (vt)	ελέγχω	[elénxo]
convidar (vt)	προσκαλώ	[proskali'ó]
correr (vi)	τρέχω	[tréxo]
criar (vt)	δημιουργώ	[δimiurγó]
custar (vt)	κοστίζω	[kostízo]

14. Os verbos mais importantes. Parte 2

dar (vt)	δίνω	[ðíno]
dar uma dica	υπαινίσσομαι	[ipenísome]
decorar (enfeitar)	στολίζω	[stolízo]
defender (vt)	υπερασπίζω	[iperaspízo]
deixar cair (vt)	ρίχνω	[ríxno]

descer (para baixo)	κατεβαίνω	[katevéno]
desculpar-se (vr)	ζητώ συγνώμη	[zitó siɣnómi]
dirigir (~ uma empresa)	διευθύνω	[ðiefθíno]
discutir (notícias, etc.)	συζητώ	[sizitó]

disparar, atirar (vi)	πυροβολώ	[pirovolió]
dizer (vt)	λέω	[léo]
duvidar (vt)	αμφιβάλλω	[amfiválio]
encontrar (achar)	βρίσκω	[vrísko]
enganar (vt)	εξαπατώ	[eksapató]

entender (vt)	καταλαβαίνω	[kataliavéno]
entrar (na sala, etc.)	μπαίνω	[béno]
enviar (uma carta)	στέλνω	[stélino]
errar (enganar-se)	κάνω λάθος	[káno liáθos]
escolher (vt)	επιλέγω	[epiléɣo]

esconder (vt)	κρύβω	[krívo]
escrever (vt)	γράφω	[ɣráfo]
esperar (aguardar)	περιμένω	[periméno]
esperar (ter esperança)	ελπίζω	[elipízo]
esquecer (vt)	ξεχνάω	[ksexnáo]

estudar (vt)	μελετάω	[meletáo]
exigir (vt)	απαιτώ	[apetó]
existir (vi)	υπάρχω	[ipárxo]
explicar (vt)	εξηγώ	[eksiɣó]

falar (vi)	μιλάω	[miliáo]
faltar (a la escuela, etc.)	απουσιάζω	[apusiázo]
fazer (vt)	κάνω	[káno]

| ficar em silêncio | σιωπώ | [siopó] |
| gabar-se (vr) | καυχιέμαι | [kafxiéme] |

gostar (apreciar)	μου αρέσει	[mu arési]
gritar (vi)	φωνάζω	[fonázo]
guardar (fotos, etc.)	διατηρώ	[ðiatiró]

| informar (vt) | πληροφορώ | [pliroforó] |
| insistir (vi) | επιμένω | [epiméno] |

insultar (vt)	προσβάλλω	[prozválio]
interessar-se (vr)	ενδιαφέρομαι	[enðiaférome]
ir (a pé)	πηγαίνω	[pijéno]
ir nadar	κάνω μπάνιο	[káno bánio]
jantar (vi)	τρώω βραδινό	[tróo vraðinó]

21

15. Os verbos mais importantes. Parte 3

ler (vt)	διαβάζω	[ðiavázo]
libertar, liberar (vt)	απελευθερώνω	[apelefθeróno]
matar (vt)	σκοτώνω	[skotóno]
mencionar (vt)	αναφέρω	[anaféro]
mostrar (vt)	δείχνω	[ðíxno]
mudar (modificar)	αλλάζω	[alᴵázo]
nadar (vi)	κολυμπώ	[kolibó]
negar-se a ... (vr)	αρνούμαι	[arnúme]
objetar (vt)	αντιλέγω	[andiléγo]
observar (vt)	παρατηρώ	[paratiró]
ordenar (mil.)	διατάζω	[ðiatázo]
ouvir (vt)	ακούω	[akúo]
pagar (vt)	πληρώνω	[pliróno]
parar (vi)	σταματάω	[stamatáo]
parar, cessar (vt)	σταματώ	[stamató]
participar (vi)	συμμετέχω	[simetéxo]
pedir (comida, etc.)	παραγγέλνω	[parangélᴵno]
pedir (um favor, etc.)	ζητώ	[zitó]
pegar (tomar)	παίρνω	[pérno]
pegar (uma bola)	πιάνω	[piáno]
pensar (vi, vt)	σκέφτομαι	[skéftome]
perceber (ver)	παρατηρώ	[paratiró]
perdoar (vt)	συγχωρώ	[sinxoró]
perguntar (vt)	ρωτάω	[rotáo]
permitir (vt)	επιτρέπω	[epitrépo]
pertencer a ... (vi)	ανήκω σε ...	[aníko se]
planejar (vt)	σχεδιάζω	[sxeðiázo]
poder (~ fazer algo)	μπορώ	[boró]
possuir (uma casa, etc.)	κατέχω	[katéxo]
preferir (vt)	προτιμώ	[protimó]
preparar (vt)	μαγειρεύω	[majirévo]
prever (vt)	προβλέπω	[provlépo]
prometer (vt)	υπόσχομαι	[ipósxome]
pronunciar (vt)	προφέρω	[proféro]
propor (vt)	προτείνω	[protíno]
punir (castigar)	τιμωρώ	[timoró]
quebrar (vt)	σπάω	[spáo]
queixar-se de ...	παραπονιέμαι	[paraponiéme]
querer (desejar)	θέλω	[θélᴵo]

16. Os verbos mais importantes. Parte 4

ralhar, repreender (vt)	μαλώνω	[malᴵóno]
recomendar (vt)	προτείνω	[protíno]

repetir (dizer outra vez)	επαναλαμβάνω	[epanalⁱamváno]
reservar (~ um quarto)	κλείνω	[klíno]
responder (vt)	απαντώ	[apandó]

rezar, orar (vi)	προσεύχομαι	[proséfxome]
rir (vi)	γελάω	[jelⁱáo]
roubar (vt)	κλέβω	[klévo]
saber (vt)	ξέρω	[kséro]
sair (~ de casa)	βγαίνω	[vjéno]

salvar (resgatar)	σώζω	[sózo]
seguir (~ alguém)	ακολουθώ	[akolⁱuθó]
sentar-se (vr)	κάθομαι	[káθome]
ser necessário	χρειάζομαι	[xriázome]

ser, estar	είμαι	[íme]
significar (vt)	σημαίνω	[siméno]
sorrir (vi)	χαμογελάω	[xamojelⁱáo]
subestimar (vt)	υποτιμώ	[ipotimó]
surpreender-se (vr)	εκπλήσσομαι	[ekplísome]

tentar (~ fazer)	προσπαθώ	[prospaθó]
ter (vt)	έχω	[éxo]
ter fome	πεινάω	[pináo]

ter medo	φοβάμαι	[fováme]
ter sede	διψάω	[ðipsáo]
tocar (com as mãos)	αγγίζω	[angízo]
tomar café da manhã	παίρνω πρωινό	[pérno proinó]
trabalhar (vi)	δουλεύω	[ðulévo]
traduzir (vt)	μεταφράζω	[metafrázo]

unir (vt)	ενώνω	[enóno]
vender (vt)	πουλώ	[pulⁱó]
ver (vt)	βλέπω	[vlépo]
virar (~ para a direita)	στρίβω	[strívo]
voar (vi)	πετάω	[petáo]

23

TEMPO. CALENDÁRIO

17. Dias da semana

segunda-feira (f)	Δευτέρα (θηλ.)	[ðeftéra]
terça-feira (f)	Τρίτη (θηλ.)	[tríti]
quarta-feira (f)	Τετάρτη (θηλ.)	[tetárti]
quinta-feira (f)	Πέμπτη (θηλ.)	[pémpti]
sexta-feira (f)	Παρασκευή (θηλ.)	[paraskeví]
sábado (m)	Σάββατο (ουδ.)	[sávato]
domingo (m)	Κυριακή (θηλ.)	[kiriakí]

hoje	σήμερα	[símera]
amanhã	αύριο	[ávrio]
depois de amanhã	μεθαύριο	[meθávrio]
ontem	χθες, χτες	[xθes], [xtes]
anteontem	προχτές	[proxtés]

dia (m)	μέρα, ημέρα (θηλ.)	[méra], [iméra]
dia (m) de trabalho	εργάσιμη μέρα (θηλ.)	[eryásimi méra]
feriado (m)	αργία (θηλ.)	[arjía]
dia (m) de folga	ρεπό (ουδ.)	[repó]
fim (m) de semana	σαββατοκύριακο (ουδ.)	[savatokíriako]

o dia todo	όλη μέρα	[óli méra]
no dia seguinte	την επόμενη μέρα	[tinepómeni méra]
há dois dias	δύο μέρες πριν	[ðío méres prin]
na véspera	την παραμονή	[tin paramoní]
diário (adj)	καθημερινός	[kaθimerinós]
todos os dias	καθημερινά	[kaθimeriná]

semana (f)	εβδομάδα (θηλ.)	[evðomáða]
na semana passada	την προηγούμενη εβδομάδα	[tin proiχύmeni evðomáða]
semana que vem	την επόμενη εβδομάδα	[tin epómeni evðomáða]
semanal (adj)	εβδομαδιαίος	[evðomaðiéos]
toda semana	εβδομαδιαία	[evðomaðiéa]
duas vezes por semana	δύο φορές την εβδομάδα	[dío forés tinevðomáða]
toda terça-feira	κάθε Τρίτη	[káθe tríti]

18. Horas. Dia e noite

manhã (f)	πρωί (ουδ.)	[proí]
de manhã	το πρωί	[to proí]
meio-dia (m)	μεσημέρι	[mesiméri]
à tarde	το απόγευμα	[to apójevma]
tardinha (f)	βράδυ (ουδ.)	[vráði]
à tardinha	το βράδυ	[to vráði]

noite (f)	νύχτα (θηλ.)	[níxta]
à noite	τη νύχτα	[ti níxta]
meia-noite (f)	μεσάνυχτα (ουδ.πλ.)	[mesánixta]

segundo (m)	δευτερόλεπτο (ουδ.)	[ðefterólepto]
minuto (m)	λεπτό (ουδ.)	[leptó]
hora (f)	ώρα (θηλ.)	[óra]
meia hora (f)	μισή ώρα (θηλ.)	[misí óra]
quarto (m) de hora	τέταρτο (ουδ.)	[tétarto]
quinze minutos	δεκαπέντε λεπτά	[ðekapénde leptá]
vinte e quatro horas	εικοσιτετράωρο (ουδ.)	[ikositetráoro]

nascer (m) do sol	ανατολή (θηλ.)	[anatolí]
amanhecer (m)	ξημέρωμα (ουδ.)	[ksiméroma]
madrugada (f)	νωρίς το πρωί (ουδ.)	[norís to proí]
pôr-do-sol (m)	ηλιοβασίλεμα (ουδ.)	[iliovasílema]

de madrugada	νωρίς το πρωί	[norís to proí]
esta manhã	σήμερα το πρωί	[símera to proí]
amanhã de manhã	αύριο το πρωί	[ávrio to proí]

esta tarde	σήμερα το απόγευμα	[símera to apójevma]
à tarde	το απόγευμα	[to apójevma]
amanhã à tarde	αύριο το απόγευμα	[ávrio to apójevma]

esta noite, hoje à noite	απόψε	[apópse]
amanhã à noite	αύριο το βράδυ	[ávrio to vráði]

às três horas em ponto	στις τρεις ακριβώς	[stis tris akrivós]
por volta das quatro	στις τέσσερις περίπου	[stis téseris perípu]
às doze	μέχρι τις δώδεκα	[méxri tis ðóðeka]

em vinte minutos	σε είκοσι λεπτά	[se íkosi leptá]
em uma hora	σε μια ώρα	[se mia óra]
a tempo	έγκαιρα	[éngera]

... um quarto para	παρά τέταρτο	[pará tétarto]
dentro de uma hora	μέσα σε μια ώρα	[mésa se mia óra]
a cada quinze minutos	κάθε δεκαπέντε λεπτά	[káθe ðekapénde leptá]
as vinte e quatro horas	όλο το εικοσιτετράωρο	[ólʲo to ikositetráoro]

19. Meses. Estações

janeiro (m)	Ιανουάριος (αρ.)	[januários]
fevereiro (m)	Φεβρουάριος (αρ.)	[fevruários]
março (m)	Μάρτιος (αρ.)	[mártios]
abril (m)	Απρίλιος (αρ.)	[aprílios]
maio (m)	Μάιος (αρ.)	[májos]
junho (m)	Ιούνιος (αρ.)	[iúnios]

julho (m)	Ιούλιος (αρ.)	[iúlios]
agosto (m)	Αύγουστος (αρ.)	[ávγustos]
setembro (m)	Σεπτέμβριος (αρ.)	[septémvrios]
outubro (m)	Οκτώβριος (αρ.)	[októvrios]

| novembro (m) | Νοέμβριος (αρ.) | [noémvrios] |
| dezembro (m) | Δεκέμβριος (αρ.) | [ðekémvrios] |

primavera (f)	άνοιξη (θηλ.)	[ániksi]
na primavera	την άνοιξη	[tin ániksi]
primaveril (adj)	ανοιξιάτικος	[aniksiátikos]

verão (m)	καλοκαίρι (ουδ.)	[kaľokéri]
no verão	το καλοκαίρι	[to kaľokéri]
de verão	καλοκαιρινός	[kaľokerinós]

outono (m)	φθινόπωρο (ουδ.)	[fθinóporo]
no outono	το φθινόπωρο	[to fθinóporo]
outonal (adj)	φθινοπωρινός	[fθinoporinós]

inverno (m)	χειμώνας (αρ.)	[ximónas]
no inverno	το χειμώνα	[to ximóna]
de inverno	χειμωνιάτικος	[ximoniátikos]

mês (m)	μήνας (αρ.)	[mínas]
este mês	αυτόν το μήνα	[aftón to mína]
mês que vem	τον επόμενο μήνα	[ton epómeno mína]
no mês passado	τον προηγούμενο μήνα	[ton proiγúmeno mína]

um mês atrás	ένα μήνα πριν	[éna mína prin]
em um mês	σε ένα μήνα	[se éna mína]
em dois meses	σε δύο μήνες	[se ðío mínes]
todo o mês	ολόκληρος μήνας	[oľókliros mínas]
um mês inteiro	ολόκληρος ο μήνας	[oľókliros o mínas]

mensal (adj)	μηνιαίος	[miniéos]
mensalmente	μηνιαία	[miniéa]
todo mês	κάθε μήνα	[káθe mína]
duas vezes por mês	δύο φορές το μήνα	[ðío forés tomína]

ano (m)	χρόνος (αρ.)	[xrónos]
este ano	φέτος	[fétos]
ano que vem	του χρόνου	[tu xrónu]
no ano passado	πέρσι	[pérsi]

há um ano	ένα χρόνο πριν	[éna xróno prin]
em um ano	σε ένα χρόνο	[se éna xróno]
dentro de dois anos	σε δύο χρόνια	[se ðío xrónia]
todo o ano	ολόκληρος χρόνος	[oľókliros oxrónos]
um ano inteiro	ολόκληρος ο χρόνος	[oľókliros o xrónos]

cada ano	κάθε χρόνο	[káθe xróno]
anual (adj)	ετήσιος	[etísios]
anualmente	ετήσια	[etísia]
quatro vezes por ano	τέσσερις φορές το χρόνο	[teseris forés toxróno]

data (~ de hoje)	ημερομηνία (θηλ.)	[imerominía]
data (ex. ~ de nascimento)	ημερομηνία (θηλ.)	[imerominía]
calendário (m)	ημερολόγιο (ουδ.)	[imeroľójo]
meio ano	μισός χρόνος	[misós xrónos]
seis meses	εξάμηνο (ουδ.)	[eksámino]

| estação (f) | εποχή (θηλ.) | [epoxí] |
| século (m) | αιώνας (αρ.) | [eónas] |

VIAGENS. HOTEL

20. Viagens

turismo (m)	τουρισμός (αρ.)	[turizmós]
turista (m)	τουρίστας (αρ.)	[turístas]
viagem (f)	ταξίδι (ουδ.)	[taksíði]
aventura (f)	περιπέτεια (θηλ.)	[peripétia]
percurso (curta viagem)	ταξίδι (ουδ.)	[taksíði]
férias (f pl)	διακοπές (θηλ.πλ.)	[ðiakopés]
estar de férias	είμαι σε διακοπές	[íme se ðiakopés]
descanso (m)	διακοπές (πλ.)	[ðiakopés]
trem (m)	τραίνο, τρένο (ουδ.)	[tréno]
de trem (chegar ~)	με τρένο	[me tréno]
avião (m)	αεροπλάνο (ουδ.)	[aeropláno]
de avião	με αεροπλάνο	[me aeropláno]
de carro	με αυτοκίνητο	[me aftokínito]
de navio	με καράβι	[me karávi]
bagagem (f)	αποσκευές (θηλ.πλ.)	[aposkevés]
mala (f)	βαλίτσα (θηλ.)	[valítsa]
carrinho (m)	καρότσι αποσκευών (ουδ.)	[karótsi aposkevón]
passaporte (m)	διαβατήριο (ουδ.)	[ðiavatírio]
visto (m)	βίζα (θηλ.)	[víza]
passagem (f)	εισιτήριο (ουδ.)	[isitírio]
passagem (f) aérea	αεροπορικό εισιτήριο (ουδ.)	[aeroporikó isitírio]
guia (m) de viagem	ταξιδιωτικός οδηγός (αρ.)	[taksiðiotikós oðiɣós]
mapa (m)	χάρτης (αρ.)	[xártis]
área (f)	περιοχή (θηλ.)	[perioxí]
lugar (m)	τόπος (αρ.)	[tópos]
exotismo (m)	εξωτικά πράγματα (ουδ.πλ.)	[eksotiká práɣmata]
exótico (adj)	εξωτικός	[eksotikós]
surpreendente (adj)	καταπληκτικός	[katapliktikós]
grupo (m)	ομάδα (θηλ.)	[omáða]
excursão (f)	εκδρομή (θηλ.)	[ekðromí]
guia (m)	ξεναγός (αρ.)	[ksenaɣós]

21. Hotel

hotel (m)	ξενοδοχείο (ουδ.)	[ksenoðoxío]
motel (m)	μοτέλ (ουδ.)	[motél]
três estrelas	τριών αστέρων	[trión astéron]

cinco estrelas	πέντε αστέρων	[pénde astéron]
ficar (vi, vt)	μένω	[méno]

quarto (m)	δωμάτιο (ουδ.)	[ðomátio]
quarto (m) individual	μονόκλινο δωμάτιο (ουδ.)	[monóklino ðomátio]
quarto (m) duplo	δίκλινο δωμάτιο (ουδ.)	[ðíklino ðomátio]
reservar um quarto	κλείνω δωμάτιο	[klíno ðomátio]

meia pensão (f)	ημιδιατροφή (θηλ.)	[imiðiatrofí]
pensão (f) completa	πλήρης διατροφή (θηλ.)	[plíris ðiatrofí]

com banheira	με μπανιέρα	[me baniéra]
com chuveiro	με ντουζ	[me dúz]
televisão (m) por satélite	δορυφορική τηλεόραση (θηλ.)	[ðoriforikí tileórasi]
ar (m) condicionado	κλιματιστικό (ουδ.)	[klimatistikó]
toalha (f)	πετσέτα (θηλ.)	[petséta]
chave (f)	κλειδί (ουδ.)	[kliðí]

administrador (m)	υπεύθυνος (αρ.)	[ipéfθinos]
camareira (f)	καμαριέρα (θηλ.)	[kamariéra]
bagageiro (m)	αχθοφόρος (αρ.)	[axθofóros]
porteiro (m)	πορτιέρης (αρ.)	[portiéris]

restaurante (m)	εστιατόριο (ουδ.)	[estiatório]
bar (m)	μπαρ (ουδ.), μπυραρία (θηλ.)	[bar], [biraría]
café (m) da manhã	πρωινό (ουδ.)	[proinó]
jantar (m)	δείπνο (ουδ.)	[ðípno]
bufê (m)	μπουφές (αρ.)	[bufés]

saguão (m)	φουαγιέ (ουδ.)	[fuajé]
elevador (m)	ασανσέρ (ουδ.)	[asansér]

NÃO PERTURBE	ΜΗΝ ΕΝΟΧΛΕΙΤΕ!	[min enoxlíte]
PROIBIDO FUMAR!	ΑΠΑΓΟΡΕΥΕΤΑΙ ΤΟ ΚΑΠΝΙΣΜΑ	[apaɣorévete to kápnizma]

22. Turismo

monumento (m)	μνημείο (ουδ.)	[mnimío]
fortaleza (f)	φρούριο (ουδ.)	[frúrio]
palácio (m)	παλάτι (ουδ.)	[palʲáti]
castelo (m)	κάστρο (ουδ.)	[kástro]
torre (f)	πύργος (αρ.)	[pírɣos]
mausoléu (m)	μαυσωλείο (ουδ.)	[mafsolío]

arquitetura (f)	αρχιτεκτονική (θηλ.)	[arxitektonikí]
medieval (adj)	μεσαιωνικός	[meseonikós]
antigo (adj)	αρχαίος	[arxéos]
nacional (adj)	εθνικός	[eθnikós]
famoso, conhecido (adj)	διάσημος	[ðiásimos]

turista (m)	τουρίστας (αρ.)	[turístas]
guia (pessoa)	ξεναγός (αρ.)	[ksenaɣós]

excursão (f)	εκδρομή (θηλ.)	[ekðromí]
mostrar (vt)	δείχνω	[ðíxno]
contar (vt)	διηγούμαι	[ðiiγúme]

encontrar (vt)	βρίσκω	[vrísko]
perder-se (vr)	χάνομαι	[xánome]
mapa (~ do metrô)	χάρτης (αρ.)	[xártis]
mapa (~ da cidade)	χάρτης (αρ.)	[xártis]

lembrança (f), presente (m)	ενθύμιο (ουδ.)	[enθímio]
loja (f) de presentes	κατάστημα με είδη δώρων (ουδ.)	[katástima me ídi ðóron]
tirar fotos, fotografar	φωτογραφίζω	[fotoγrafízo]
fotografar-se (vr)	βγαίνω φωτογραφία	[vjéno fotoγrafía]

TRANSPORTES

23. Aeroporto

aeroporto (m)	αεροδρόμιο (ουδ.)	[aeroðrómio]
avião (m)	αεροπλάνο (ουδ.)	[aeropláno]
companhia (f) aérea	αεροπορική εταιρεία (θηλ.)	[aeroporikí etería]
controlador (m)	ελεγκτής εναέριας	[elengtís enaérias
de tráfego aéreo	κυκλοφορίας (αρ.)	kikloforías]

partida (f)	αναχώρηση (θηλ.)	[anaxórisi]
chegada (f)	άφιξη (θηλ.)	[áfiksi]
chegar (vi)	φτάνω	[ftáno]

hora (f) de partida	ώρα αναχώρησης (θηλ.)	[ora anaxórisis]
hora (f) de chegada	ώρα άφιξης (θηλ.)	[óra áfiksis]

estar atrasado	καθυστερώ	[kaθisteró]
atraso (m) de voo	καθυστέρηση πτήσης (θηλ.)	[kaθistérisi ptísis]

painel (m) de informação	πίνακας πληροφοριών (αρ.)	[pínakas pliroforión]
informação (f)	πληροφορίες (θηλ.πλ.)	[plirofories]
anunciar (vt)	ανακοινώνω	[anakinóno]
voo (m)	πτήση (θηλ.)	[ptísi]

alfândega (f)	τελωνείο (ουδ.)	[tolonío]
funcionário (m) da alfândega	τελωνειακός (αρ.)	[teloniakós]

declaração (f) alfandegária	τελωνειακή διασάφηση (θηλ.)	[teloniakí ðiasáfisi]
preencher a declaração	συμπληρώνω τη δήλωση	[simbliróno ti ðílosi]
controle (m) de passaporte	έλεγχος διαβατηρίων (αρ.)	[élenxos ðiavatiríon]

bagagem (f)	αποσκευές (θηλ.πλ.)	[aposkevés]
bagagem (f) de mão	χειραποσκευή (θηλ.)	[xiraposkeví]
carrinho (m)	καρότσι αποσκευών (ουδ.)	[karótsi aposkevón]

pouso (m)	προσγείωση (θηλ.)	[prozjíosi]
pista (f) de pouso	διάδρομος	[ðiáðromos
	προσγείωσης (αρ.)	prozjíosis]
aterrissar (vi)	προσγειώνομαι	[prozjiónome]
escada (f) de avião	σκάλα αεροσκάφους (θηλ.)	[skála aeroskáfus]

check-in (m)	check-in (ουδ.)	[t∫ek-in]
balcão (m) do check-in	πάγκος ελέγχου	[pángos elénxu
	εισητηρίων (αρ.)	isitiríon]
fazer o check-in	κάνω check-in	[káno t∫ek-in]
cartão (m) de embarque	κάρτα επιβίβασης (θηλ.)	[kárta epivívasis]
portão (m) de embarque	πύλη αναχώρησης (θηλ.)	[píli anaxórisis]
trânsito (m)	διέλευση (θηλ.)	[ðiélefsi]
esperar (vi, vt)	περιμένω	[periméno]

sala (f) de espera	αίθουσα αναχώρησης (θηλ.)	[éθusa anaxórisis]
despedir-se (acompanhar)	συνοδεύω	[sinoδévo]
despedir-se (dizer adeus)	αποχαιρετώ	[apoxeretó]

24. Avião

avião (m)	αεροπλάνο (ουδ.)	[aeropláno]
passagem (f) aérea	αεροπορικό εισιτήριο (ουδ.)	[aeroporikó isitírio]
companhia (f) aérea	αεροπορική εταιρεία (θηλ.)	[aeroporikí etería]
aeroporto (m)	αεροδρόμιο (ουδ.)	[aeroδrómio]
supersônico (adj)	υπερηχητικός	[iperixitikós]

comandante (m) do avião	κυβερνήτης (αρ.)	[kivernítis]
tripulação (f)	πλήρωμα (ουδ.)	[plíroma]
piloto (m)	πιλότος (αρ.)	[pillótos]
aeromoça (f)	αεροσυνοδός (θηλ.)	[aerosinoδós]
copiloto (m)	πλοηγός (αρ.)	[plloiγós]

asas (f pl)	φτερά (ουδ.πλ.)	[fterá]
cauda (f)	ουρά (θηλ.)	[urá]
cabine (f)	πιλοτήριο (ουδ.)	[pillotírio]
motor (m)	κινητήρας (αρ.)	[kinitíras]
trem (m) de pouso	σύστημα προσγείωσης (ουδ.)	[sístima prosjíosis]
turbina (f)	στρόβιλος (αρ.)	[stróvillos]

hélice (f)	έλικας (αρ.)	[élikas]
caixa-preta (f)	μαύρο κουτί (ουδ.)	[mávro kutí]
coluna (f) de controle	πηδάλιο (ουδ.)	[piδálio]
combustível (m)	καύσιμο (ουδ.)	[káfsimo]

instruções (f pl) de segurança	οδηγίες ασφαλείας (θηλ.πλ.)	[oδijíes asfalías]
máscara (f) de oxigênio	μάσκα οξυγόνου (θηλ.)	[máska oksiγónu]
uniforme (m)	στολή (θηλ.)	[stolí]

colete (m) salva-vidas	σωσίβιο γιλέκο (ουδ.)	[sosívio jiléko]
paraquedas (m)	αλεξίπτωτο (ουδ.)	[aleksíptoto]

decolagem (f)	απογείωση (θηλ.)	[apojíosi]
descolar (vi)	απογειώνομαι	[apojiónome]
pista (f) de decolagem	διάδρομος απογείωσης (αρ.)	[δiáδromos apojíosis]

visibilidade (f)	ορατότητα (θηλ.)	[oratótita]
voo (m)	πέταγμα (ουδ.)	[pétaγma]

altura (f)	ύψος (ουδ.)	[ípsos]
poço (m) de ar	κενό αέρος (ουδ.)	[kenó aéros]

assento (m)	θέση (θηλ.)	[θési]
fone (m) de ouvido	ακουστικά (ουδ.πλ.)	[akustiká]
mesa (f) retrátil	πτυσσόμενο τραπεζάκι (ουδ.)	[ptisómeno trapezáki]

janela (f)	παράθυρο (ουδ.)	[paráθiro]
corredor (m)	διάδρομος (αρ.)	[δiáδromos]

25. Comboio

trem (m)	τραίνο, τρένο (ουδ.)	[tréno]
trem (m) elétrico	περιφερειακό τρένο (ουδ.)	[periferiakó tréno]
trem (m)	τρένο εξπρές (ουδ.)	[tréno eksprés]
locomotiva (f) diesel	αμαξοστοιχία ντίζελ (θηλ.)	[amaksostixía dízelʲ]
locomotiva (f) a vapor	ατμάμαξα (θηλ.)	[atmámaksa]

vagão (f) de passageiros	βαγόνι (ουδ.)	[vaγóni]
vagão-restaurante (m)	εστιατόριο (ουδ.)	[estiatório]

carris (m pl)	ράγες (θηλ.πλ.)	[rájes]
estrada (f) de ferro	σιδηρόδρομος (αρ.)	[siðiróðromos]
travessa (f)	στρωτήρας (αρ.)	[strotíras]

plataforma (f)	πλατφόρμα (θηλ.)	[plʲatfórma]
linha (f)	αποβάθρα (θηλ.)	[apováθra]
semáforo (m)	σηματοδότης (αρ.)	[simatoðótis]
estação (f)	σταθμός (αρ.)	[staθmós]

maquinista (m)	οδηγός τρένου (αρ.)	[oðiγós trénu]
bagageiro (m)	αχθοφόρος (αρ.)	[axθofóros]
hospedeiro, -a (m, f)	συνοδός (αρ.)	[sinoðós]
passageiro (m)	επιβάτης (αρ.)	[epivátis]
revisor (m)	ελεγκτής εισιτηρίων (αρ.)	[elengtís isitiríon]

corredor (m)	διάδρομος (αρ.)	[ðiáðromos]
freio (m) de emergência	φρένο έκτακτης ανάγκης (ουδ.)	[fréno éktaktis anángis]

compartimento (m)	κουπέ (ουδ.)	[kupé]
cama (f)	κουκέτα (θηλ.)	[kukéta]
cama (f) de cima	πάνω κουκέτα (θηλ.)	[páno kukéta]

cama (f) de baixo	κάτω κουκέτα (θηλ.)	[káto kukéta]
roupa (f) de cama	σεντόνια (ουδ.πλ.)	[sendónia]

passagem (f)	εισιτήριο (ουδ.)	[isitírio]
horário (m)	δρομολόγιο (ουδ.)	[ðromolʲójo]
painel (m) de informação	πίνακας πληροφοριών (αρ.)	[pínakas pliroforión]

partir (vt)	αναχωρώ	[anaxoró]
partida (f)	αναχώρηση (θηλ.)	[anaxórisi]

chegar (vi)	φτάνω	[ftáno]
chegada (f)	άφιξη (θηλ.)	[áfiksi]

chegar de trem	έρχομαι με τρένο	[érxome me tréno]
pegar o trem	ανεβαίνω στο τρένο	[anevéno sto tréno]
descer de trem	κατεβαίνω από το τρένο	[katevéno apó to tréno]

acidente (m) ferroviário	πρόσκρουση τρένου (θηλ.)	[próskrusi trénu]
foguista (m)	θερμαστής (αρ.)	[θermastís]
fornalha (f)	θάλαμο καύσης (ουδ.)	[θálʲamo káfsis]
carvão (m)	κάρβουνο (ουδ.)	[kárvuno]

26. Barco

navio (m)	πλοίο (ουδ.)	[plío]
embarcação (f)	σκάφος (ουδ.)	[skáfos]
barco (m) a vapor	ατμόπλοιο (ουδ.)	[atmóplio]
barco (m) fluvial	ποταμόπλοιο (ουδ.)	[potamóplio]
transatlântico (m)	κρουαζιερόπλοιο (ουδ.)	[kruazieróplio]
cruzeiro (m)	καταδρομικό (ουδ.)	[kataðromikó]
iate (m)	κότερο (ουδ.)	[kótero]
rebocador (m)	ρυμουλκό (ουδ.)	[rimulʲkó]
barcaça (f)	φορτηγίδα (θηλ.)	[fortijíða]
ferry (m)	φέρι μποτ (ουδ.)	[féri bot]
veleiro (m)	ιστιοφόρο (ουδ.)	[istiofóro]
bergantim (m)	βριγαντίνο (ουδ.)	[vriɣantíno]
quebra-gelo (m)	παγοθραυστικό (ουδ.)	[paɣoθrafstikó]
submarino (m)	υποβρύχιο (ουδ.)	[ipovríxo]
bote, barco (m)	βάρκα (θηλ.)	[várka]
baleeira (bote salva-vidas)	λέμβος (θηλ.)	[lémvos]
bote (m) salva-vidas	σωσίβια λέμβος (θηλ.)	[sosívia lémvos]
lancha (f)	ταχύπλοο (ουδ.)	[taxíplʲoo]
capitão (m)	καπετάνιος (αρ.)	[kapetánios]
marinheiro (m)	ναύτης (αρ.)	[náftis]
marujo (m)	ναυτικός (αρ.)	[naftikós]
tripulação (f)	πλήρωμα (ουδ.)	[plíroma]
contramestre (m)	λοστρόμος (αρ.)	[lʲostrómos]
grumete (m)	μούτσος (αρ.)	[mútsos]
cozinheiro (m) de bordo	μάγειρας (αρ.)	[májiras]
médico (m) de bordo	ιατρός πλοίου (αρ.)	[jatrós plíu]
convés (m)	κατάστρωμα (ουδ.)	[katástroma]
mastro (m)	κατάρτι (ουδ.)	[katárti]
vela (f)	ιστίο (ουδ.)	[istío]
porão (m)	αμπάρι (ουδ.)	[ambári]
proa (f)	πλώρη (θηλ.)	[plóri]
popa (f)	πρύμνη (θηλ.)	[prímni]
remo (m)	κουπί (ουδ.)	[kupí]
hélice (f)	προπέλα (θηλ.)	[propélʲa]
cabine (m)	καμπίνα (θηλ.)	[kabína]
sala (f) dos oficiais	αίθουσα αξιωματικών (ουδ.)	[éθusa aksiomatikón]
sala (f) das máquinas	μηχανοστάσιο (ουδ.)	[mixanostásio]
ponte (m) de comando	γέφυρα (θηλ.)	[jéfira]
sala (f) de comunicações	θάλαμος επικοινωνιών (αρ.)	[θálamos epikinonión]
onda (f)	κύμα (ουδ.)	[kíma]
diário (m) de bordo	ημερολόγιο πλοίου (ουδ.)	[imerolʲójo plíu]
luneta (f)	κυάλι (ουδ.)	[kiáli]
sino (m)	καμπάνα (θηλ.)	[kabána]

bandeira (f)	σημαία (θηλ.)	[siméa]
cabo (m)	παλαμάρι (ουδ.)	[palʲamári]
nó (m)	κόμβος (αρ.)	[kómvos]

corrimão (m)	κουπαστή (θηλ.)	[kupastí]
prancha (f) de embarque	σκάλα επιβιβάσεως (θηλ.)	[skálʲa epiviváseos]

âncora (f)	άγκυρα (θηλ.)	[ángira]
recolher a âncora	σηκώνω άγκυρα	[sikóno ángira]
jogar a âncora	ρίχνω άγκυρα	[ríxno ángira]
amarra (corrente de âncora)	αλυσίδα της άγκυρας (θηλ.)	[alisíða tis ángiras]

porto (m)	λιμάνι (ουδ.)	[limáni]
cais, amarradouro (m)	προβλήτα (θηλ.)	[provlíta]
atracar (vi)	αράζω	[arázo]
desatracar (vi)	σαλπάρω	[salʲpáro]

viagem (f)	ταξίδι (ουδ.)	[taksíði]
cruzeiro (m)	κρουαζιέρα (θηλ.)	[kruaziéra]
rumo (m)	ρότα, πορεία (θηλ.)	[róta], [poría]
itinerário (m)	δρομολόγιο (ουδ.)	[ðromolʲójo]

canal (m) de navegação	πλωτό μέρος (ουδ.)	[plʲotó méros]
banco (m) de areia	ρηχά (ουδ.πλ.)	[rixá]
encalhar (vt)	εξοκέλλω	[eksokélʲo]

tempestade (f)	καταιγίδα (θηλ.)	[katejíða]
sinal (m)	σήμα (ουδ.)	[síma]
afundar-se (vr)	βυθίζομαι	[viθízome]
SOS	SOS (ουδ.)	[es-o-es]
bóia (f) salva-vidas	σωσίβιο (ουδ.)	[sosívio]

CIDADE

27. Transportes urbanos

ônibus (m)	λεωφορείο (ουδ.)	[leoforío]
bonde (m) elétrico	τραμ (ουδ.)	[tram]
trólebus (m)	τρόλεϊ (ουδ.)	[trólej]
rota (f), itinerário (m)	δρομολόγιο (ουδ.)	[ðromolᶦójo]
número (m)	αριθμός (αρ.)	[ariθmós]
ir de ... (carro, etc.)	πηγαίνω με ...	[pijéno me]
entrar no ...	ανεβαίνω	[anevéno]
descer do ...	κατεβαίνω	[katevéno]
parada (f)	στάση (θηλ.)	[stási]
próxima parada (f)	επόμενη στάση (θηλ.)	[epómeni stási]
terminal (m)	τερματικός σταθμός (αρ.)	[termatikós staθmós]
horário (m)	δρομολόγιο (ουδ.)	[ðromolᶦójo]
esperar (vt)	περιμένω	[periméno]
passagem (f)	εισιτήριο (ουδ.)	[isitírio]
tarifa (f)	τιμή εισιτηρίου (θηλ.)	[timí isitiríu]
bilheteiro (m)	ταμίας (αρ./θηλ.)	[tamías]
controle (m) de passagens	έλεγχος εισιτηρίων (αρ.)	[élenxos isitiríon]
revisor (m)	ελεγκτής εισιτηρίων (αρ.)	[elengtís isitiríon]
atrasar-se (vr)	καθυστερώ	[kaθisteró]
perder (o autocarro, etc.)	καθυστερώ	[kaθisteró]
estar com pressa	βιάζομαι	[viázome]
táxi (m)	ταξί (ουδ.)	[taksí]
taxista (m)	ταξιτζής (αρ.)	[taksidzís]
de táxi (ir ~)	με ταξί	[me taksí]
ponto (m) de táxis	πιάτσα ταξί (θηλ.)	[piátsa taksí]
chamar um táxi	καλώ ταξί	[kalᶦó taksí]
pegar um táxi	παίρνω ταξί	[pérno taksí]
tráfego (m)	κίνηση (θηλ.)	[kínisi]
engarrafamento (m)	μποτιλιάρισμα (ουδ.)	[botiliárizma]
horas (f pl) de pico	ώρα αιχμής (θηλ.)	[óra exmís]
estacionar (vi)	παρκάρω	[parkáro]
estacionar (vt)	παρκάρω	[parkáro]
parque (m) de estacionamento	πάρκινγκ (ουδ.)	[párking]
metrô (m)	μετρό (ουδ.)	[metró]
estação (f)	σταθμός (αρ.)	[staθmós]
ir de metrô	παίρνω το μετρό	[pérno to metró]
trem (m)	τραίνο, τρένο (ουδ.)	[tréno]
estação (f) de trem	σιδηροδρομικός σταθμός (αρ.)	[siðiroðromikós staθmós]

28. Cidade. Vida na cidade

cidade (f)	πόλη (θηλ.)	[póli]
capital (f)	πρωτεύουσα (θηλ.)	[protévusa]
aldeia (f)	χωριό (ουδ.)	[xorió]

mapa (m) da cidade	χάρτης πόλης (αρ.)	[xártis pólis]
centro (m) da cidade	κέντρο της πόλης (ουδ.)	[kéndro tis pólis]
subúrbio (m)	προάστιο (ουδ.)	[proástio]
suburbano (adj)	προαστιακός	[proastiakós]

periferia (f)	προάστια (ουδ.πλ.)	[proástia]
arredores (m pl)	περίχωρα (πλ.)	[períxora]
quarteirão (m)	συνοικία (θηλ.)	[sinikía]
quarteirão (m) residencial	οικιστικό τετράγωνο (ουδ.)	[ikistikó tetráγono]

tráfego (m)	κίνηση (θηλ.)	[kínisi]
semáforo (m)	φανάρι (ουδ.)	[fanári]
transporte (m) público	δημόσιες συγκοινωνίες (θηλ.πλ.)	[ðimósies singinoníes]
cruzamento (m)	διασταύρωση (θηλ.)	[ðiastávrosi]

faixa (f)	διάβαση πεζών (θηλ.)	[ðiávasi pezón]
túnel (m) subterrâneo	υπόγεια διάβαση (θηλ.)	[ipójia ðiávasi]
cruzar, atravessar (vt)	περνάω, διασχίζω	[pernáo], [ðiasxízo]
pedestre (m)	πεζός (αρ.)	[pezós]
calçada (f)	πεζοδρόμιο (ουδ.)	[pezoðrómio]

ponte (f)	γέφυρα (θηλ.)	[jéfira]
margem (f) do rio	προκυμαία (θηλ.)	[prokiméa]
fonte (f)	κρήνη (θηλ.)	[klíιi]

alameda (f)	αλέα (θηλ.)	[aléa]
parque (m)	πάρκο (ουδ.)	[párko]
bulevar (m)	λεωφόρος (θηλ.)	[leofóros]
praça (f)	πλατεία (θηλ.)	[plʲatía]
avenida (f)	λεωφόρος (θηλ.)	[leofóros]
rua (f)	δρόμος (αρ.)	[ðrómos]
travessa (f)	παράδρομος (αρ.)	[paráðromos]
beco (m) sem saída	αδιέξοδο (ουδ.)	[aðiéksoðo]

casa (f)	σπίτι (ουδ.)	[spíti]
edifício, prédio (m)	κτίριο (ουδ.)	[ktírio]
arranha-céu (m)	ουρανοξύστης (αρ.)	[uranoksístis]

fachada (f)	πρόσοψη (θηλ.)	[prósopsi]
telhado (m)	στέγη (θηλ.)	[stéji]
janela (f)	παράθυρο (ουδ.)	[paráθiro]
arco (m)	αψίδα (θηλ.)	[apsíða]
coluna (f)	κολόνα (θηλ.)	[kolʲóna]
esquina (f)	γωνία (θηλ.)	[γonía]

vitrine (f)	βιτρίνα (θηλ.)	[vitrína]
letreiro (m)	ταμπέλα (θηλ.)	[tabélʲa]
cartaz (do filme, etc.)	αφίσα (θηλ.)	[afísa]

| cartaz (m) publicitário | διαφημιστική αφίσα (θηλ.) | [ðiafimistikí afísa] |
| painel (m) publicitário | διαφημιστική πινακίδα (θηλ.) | [ðiafimistikí pinakíða] |

lixo (m)	σκουπίδια (ουδ.πλ.)	[skupíðia]
lata (f) de lixo	σκουπιδοτενεκές (αρ.)	[skupiðotenekés]
jogar lixo na rua	λερώνω με σκουπίδια	[leróno me skupíðia]
aterro (m) sanitário	χωματερή (θηλ.)	[xomaterí]

orelhão (m)	τηλεφωνικός θάλαμος (αρ.)	[tilefonikós θálʲamos]
poste (m) de luz	φανοστάτης (αρ.)	[fanostátis]
banco (m)	παγκάκι (ουδ.)	[pangáki]

polícia (m)	αστυνομικός (αρ.)	[astinomikós]
polícia (instituição)	αστυνομία (θηλ.)	[astinomía]
mendigo, pedinte (m)	ζητιάνος (αρ.)	[zitiános]
desabrigado (m)	άστεγος (αρ.)	[ásteɣos]

29. Instituições urbanas

loja (f)	κατάστημα (ουδ.)	[katástima]
drogaria (f)	φαρμακείο (ουδ.)	[farmakío]
ótica (f)	κατάστημα οπτικών (ουδ.)	[katástima optikón]
centro (m) comercial	εμπορικό κέντρο (ουδ.)	[emborikó kéndro]
supermercado (m)	σουπερμάρκετ (ουδ.)	[supermárket]

padaria (f)	αρτοπωλείο (ουδ.)	[artopolío]
padeiro (m)	φούρναρης (αρ.)	[fúrnaris]
pastelaria (f)	ζαχαροπλαστείο (ουδ.)	[zaxaroplʲastío]
mercearia (f)	μπακάλικο (ουδ.)	[bakáliko]
açougue (m)	κρεοπωλείο (ουδ.)	[kreopolío]

| fruteira (f) | μανάβικο (ουδ.) | [manáviko] |
| mercado (m) | αγορά, λαϊκή (θηλ.) | [aɣorá], [lʲajkí] |

cafeteria (f)	καφετέρια (θηλ.)	[kafetéria]
restaurante (m)	εστιατόριο (ουδ.)	[estiatório]
bar (m)	μπαρ (ουδ.), μπυραρία (θηλ.)	[bar], [biraría]
pizzaria (f)	πιτσαρία (θηλ.)	[pitsaría]

salão (m) de cabeleireiro	κομμωτήριο (ουδ.)	[komotírio]
agência (f) dos correios	ταχυδρομείο (ουδ.)	[taxiðromío]
lavanderia (f)	στεγνοκαθαριστήριο (ουδ.)	[steɣnokaθaristírio]
estúdio (m) fotográfico	φωτογραφείο (ουδ.)	[fotoɣrafío]

sapataria (f)	κατάστημα παπουτσιών (ουδ.)	[katástima paputsión]
livraria (f)	βιβλιοπωλείο (ουδ.)	[vivliopolío]
loja (f) de artigos esportivos	κατάστημα αθλητικών ειδών (ουδ.)	[katástima aθlitikón iðón]
costureira (m)	κατάστημα επιδιορθώσεων ενδυμάτων (ουδ.)	[katástima epiðiorθóseon enðimáton]
aluguel (m) de roupa	ενοικίαση ενδυμάτων (θηλ.)	[enikíasi enðimáton]
videolocadora (f)	κατάστημα ενοικίασης βίντεο (ουδ.)	[katástima enikíasis vídeo]

circo (m)	τσίρκο (ουδ.)	[tsírko]
jardim (m) zoológico	ζωολογικός κήπος (αρ.)	[zoolⁱojikós kípos]
cinema (m)	κινηματογράφος (αρ.)	[kinimatoɣráfos]
museu (m)	μουσείο (ουδ.)	[musío]
biblioteca (f)	βιβλιοθήκη (θηλ.)	[vivlioθíki]
teatro (m)	θέατρο (ουδ.)	[θéatro]
ópera (f)	όπερα (θηλ.)	[ópera]
boate (casa noturna)	νυχτερινό κέντρο (ουδ.)	[nixterinó kéndro]
cassino (m)	καζίνο (ουδ.)	[kazíno]
mesquita (f)	τζαμί (ουδ.)	[dzamí]
sinagoga (f)	συναγωγή (θηλ.)	[sinaɣojí]
catedral (f)	καθεδρικός (αρ.)	[kaθeðrikós]
templo (m)	ναός (αρ.)	[naós]
igreja (f)	εκκλησία (θηλ.)	[eklisía]
faculdade (f)	πανεπιστήμιο (ουδ.)	[panepistímio]
universidade (f)	πανεπιστήμιο (ουδ.)	[panepistímio]
escola (f)	σχολείο (ουδ.)	[sxolío]
prefeitura (f)	νομός (αρ.)	[nómos]
câmara (f) municipal	δημαρχείο (ουδ.)	[ðimarxío]
hotel (m)	ξενοδοχείο (ουδ.)	[ksenoðoxío]
banco (m)	τράπεζα (θηλ.)	[trápeza]
embaixada (f)	πρεσβεία (θηλ.)	[prezvía]
agência (f) de viagens	ταξιδιωτικό γραφείο (ουδ.)	[taksiðiotikó ɣrafío]
agência (f) de informações	γραφείο πληροφοριών (ουδ.)	[ɣrafío pliroforión]
casa (f) de câmbio	ανταλλακτήριο συναλλάγματος (ουδ.)	[andalⁱaktírio sinalⁱáɣmatos]
metrô (m)	μετρό (ουδ.)	[metró]
hospital (m)	νοσοκομείο (ουδ.)	[nosokomío]
posto (m) de gasolina	βενζινάδικο (ουδ.)	[venzináðiko]
parque (m) de estacionamento	πάρκινγκ (ουδ.)	[párking]

30. Sinais

letreiro (m)	ταμπέλα (θηλ.)	[tabélⁱa]
aviso (m)	επιγραφή (θηλ.)	[epiɣrafí]
cartaz, pôster (m)	αφίσα, πόστερ (ουδ.)	[afísa], [póster]
placa (f) de direção	πινακίδα (θηλ.)	[pinakíða]
seta (f)	βελάκι (ουδ.)	[velⁱáki]
aviso (advertência)	προειδοποίηση (θηλ.)	[proiðopíisi]
sinal (m) de aviso	προειδοποίηση (θηλ.)	[proiðopíisi]
avisar, advertir (vt)	προειδοποιώ	[proiðopió]
dia (m) de folga	ρεπό (ουδ.)	[repó]
horário (~ dos trens, etc.)	ωράριο (ουδ.)	[orário]
horário (m)	ώρες λειτουργίας (θηλ.πλ.)	[óres liturjías]
BEM-VINDOS!	ΚΑΛΩΣ ΗΡΘΑΤΕ!	[kalⁱos íρθate]

ENTRADA	ΕΙΣΟΔΟΣ	[ísoðos]
SAÍDA	ΕΞΟΔΟΣ	[éksoðos]
EMPURRE	ΩΘΗΣΑΤΕ	[oθísate]
PUXE	ΕΛΞΑΤΕ	[éliksate]
ABERTO	ΑΝΟΙΚΤΟ	aníkto
FECHADO	ΚΛΕΙΣΤΟ	[klísto]
MULHER	ΓΥΝΑΙΚΩΝ	[jinekón]
HOMEM	ΑΝΔΡΕΣ	[ánðres]
DESCONTOS	ΕΚΠΤΩΣΕΙΣ	[ekptósis]
SALDOS, PROMOÇÃO	ΞΕΠΟΥΛΗΜΑ	[ksepúlima]
NOVIDADE!	ΝΕΟ!	[néo]
GRÁTIS	ΔΩΡΕΑΝ	[ðoreán]
ATENÇÃO!	ΠΡΟΣΟΧΗ!	[prosoxí]
NÃO HÁ VAGAS	ΔΕΝ ΥΠΑΡΧΟΥΝ	[ðen ipárxun
	ΚΕΝΑ ΔΩΜΑΤΙΑ	kená ðomátia]
RESERVADO	ΡΕΖΕΡΒΕ	[rezervé]
ADMINISTRAÇÃO	ΔΙΕΥΘΥΝΤΗΣ	[ðiéfθindis]
SOMENTE PESSOAL	ΜΟΝΟ ΓΙΑ ΤΟ ΠΡΟΣΩΠΙΚΟ	[móno ja to prosopikó]
AUTORIZADO		
CUIDADO CÃO FEROZ	ΠΡΟΣΟΧΗ ΣΚΥΛΟΣ	[prosoxí skílios]
PROIBIDO FUMAR!	ΑΠΑΓΟΡΕΥΕΤΑΙ	[apaɣorévete
	ΤΟ ΚΑΠΝΙΣΜΑ	to kápnizma]
NÃO TOCAR	ΜΗΝ ΑΓΓΙΖΕΤΕ!	[min angízete]
PERIGOSO	ΚΙΝΔΥΝΟΣ	[kínðinos]
PERIGO	ΚΙΝΔΥΝΟΣ	[kínðinos]
ALTA TENSÃO	ΥΨΗΛΗ ΤΑΣΗ	[ípseli tási]
PROIBIDO NADAR	ΑΠΑΓΟΡΕΥΕΤΑΙ	[apaɣorévete
	ΤΟ ΚΟΛΥΜΠΙ	to kolíbi]
COM DEFEITO	ΕΚΤΟΣ ΛΕΙΤΟΥΡΓΙΑΣ	éktos liturjías
INFLAMÁVEL	ΕΥΦΛΕΚΤΟ	[éflekto]
PROIBIDO	ΑΠΑΓΟΡΕΥΕΤΑΙ	[apaɣorévete]
ENTRADA PROIBIDA	ΑΠΑΓΟΡΕΥΕΤΑΙ	[apaɣorévete
	ΤΟ ΠΕΡΑΣΜΑ	to pérazma]
CUIDADO TINTA FRESCA	ΦΡΕΣΚΟΒΑΜΜΕΝΟ	[frésko vaméno]

31. Compras

comprar (vt)	αγοράζω	[aɣorázo]
compra (f)	αγορά (θηλ.)	[aɣorá]
fazer compras	ψωνίζω	[psonízo]
compras (f pl)	shopping (ουδ.)	[jópiŋ]
estar aberta (loja)	λειτουργώ	[liturɣó]
estar fechada	κλείνω	[klíno]
calçado (m)	υποδήματα (ουδ.πλ.)	[ipoðímata]
roupa (f)	ενδύματα (ουδ.πλ.)	[enðímata]

cosméticos (m pl)	καλλυντικά (ουδ.πλ.)	[kalindiká]
alimentos (m pl)	τρόφιμα (ουδ.πλ.)	[trófima]
presente (m)	δώρο (ουδ.)	[ðóro]
vendedor (m)	πωλητής (αρ.)	[politís]
vendedora (f)	πωλήτρια (θηλ.)	[polítria]
caixa (f)	ταμείο (ουδ.)	[tamío]
espelho (m)	καθρέφτης (αρ.)	[kaθréftis]
balcão (m)	πάγκος (αρ.)	[pángos]
provador (m)	δοκιμαστήριο (ουδ.)	[ðokimastírio]
provar (vt)	δοκιμάζω	[ðokimázo]
servir (roupa, caber)	ταιριάζω	[teriázo]
gostar (apreciar)	μου αρέσει	[mu arési]
preço (m)	τιμή (θηλ.)	[timí]
etiqueta (f) de preço	καρτέλα τιμής (θηλ.)	[kartél'a timís]
custar (vt)	κοστίζω	[kostízo]
Quanto?	Πόσο κάνει;	póso káni?
desconto (m)	έκπτωση (θηλ.)	[ékptosi]
não caro (adj)	φτηνός	[ftinós]
barato (adj)	φτηνός	[ftinós]
caro (adj)	ακριβός	[akrivós]
É caro	Είναι ακριβός	[íne akrivós]
aluguel (m)	ενοικίαση (θηλ.)	[enikíasi]
alugar (roupas, etc.)	νοικιάζω	[nikiázo]
crédito (m)	πίστωση (θηλ.)	[pístosi]
a crédito	με πίστωση	[me pístosi]

VESTUÁRIO & ACESSÓRIOS

32. Roupa exterior. Casacos

roupa (f)	ενδύματα (ουδ.πλ.)	[enðímata]
roupa (f) exterior	πανωφόρια (ουδ.πλ.)	[panofória]
roupa (f) de inverno	χειμωνιάτικα ρούχα (ουδ.πλ.)	[ximoniátika rúxa]
sobretudo (m)	παλτό (ουδ.)	[palʲtó]
casaco (m) de pele	γούνα (θηλ.)	[γúna]
jaqueta (f) de pele	κοντογούνι (ουδ.)	[kondoγúni]
casaco (m) acolchoado	πουπουλένιο μπουφάν (ουδ.)	[pupulénio bufán]
casaco (m), jaqueta (f)	μπουφάν (ουδ.)	[bufán]
impermeável (m)	αδιάβροχο (ουδ.)	[aðiávroxo]
a prova d'água	αδιάβροχος	[aðiávroxos]

33. Vestuário de homem & mulher

camisa (f)	πουκάμισο (ουδ.)	[pukámiso]
calça (f)	παντελόνι (ουδ.)	[pandelʲóni]
jeans (m)	τζιν (ουδ.)	[dzin]
paletó, terno (m)	σακάκι (ουδ.)	[sakáki]
terno (m)	κοστούμι (ουδ.)	[kostúmi]
vestido (ex. ~ de noiva)	φόρεμα (ουδ.)	[fórema]
saia (f)	φούστα (θηλ.)	[fústa]
blusa (f)	μπλούζα (θηλ.)	[blʲúza]
casaco (m) de malha	ζακέτα (θηλ.)	[zakéta]
casaco, blazer (m)	σακάκι (ουδ.)	[sakáki]
camiseta (f)	μπλουζάκι (ουδ.)	[blʲuzáki]
short (m)	σορτς (ουδ.)	[sorts]
training (m)	αθλητική φόρμα (θηλ.)	[aθlitikí fórma]
roupão (m) de banho	μπουρνούζι (ουδ.)	[burnúzi]
pijama (m)	πιτζάμα (θηλ.)	[pidzáma]
suéter (m)	πουλόβερ (ουδ.)	[pulʲóver]
pulôver (m)	πουλόβερ (ουδ.)	[pulʲóver]
colete (m)	γιλέκο (ουδ.)	[ʝiléko]
fraque (m)	φράκο (ουδ.)	[fráko]
smoking (m)	σμόκιν (ουδ.)	[smókin]
uniforme (m)	στολή (θηλ.)	[stolí]
roupa (f) de trabalho	τα ρούχα της δουλειάς (ουδ.πλ.)	[ta rúxa tis ðuliás]
macacão (m)	φόρμα (θηλ.)	[fórma]
jaleco (m), bata (f)	ρόμπα (θηλ.)	[rómpa]

34. Vestuário. Roupa interior

roupa (f) íntima	εσώρουχα (ουδ.πλ.)	[esóruxa]
camiseta (f)	φανέλα (θηλ.)	[fanélⁱa]
meias (f pl)	κάλτσες (θηλ.πλ.)	[kálⁱtses]

camisola (f)	νυχτικό (ουδ.)	[nixtikó]
sutiã (m)	σουτιέν (ουδ.)	[sutién]
meias longas (f pl)	κάλτσες μέχρι το γόνατο (θηλ.πλ.)	[kálⁱtses méxri to γónato]
meias-calças (f pl)	καλτσόν (ουδ.)	[kalⁱtsón]
meias (~ de nylon)	κάλτσες (θηλ.πλ.)	[kálⁱtses]
maiô (m)	μαγιό (ουδ.)	[majió]

35. Adereços de cabeça

chapéu (m), touca (f)	καπέλο (ουδ.)	[kapélⁱo]
chapéu (m) de feltro	καπέλο, φεντόρα (ουδ.)	[kapélⁱo], [fedóra]
boné (m) de beisebol	καπέλο του μπέιζμπολ (ουδ.)	[kapélⁱo tu béjzbolⁱ]
boina (~ italiana)	κασκέτο (ουδ.)	[kaskéto]

boina (ex. ~ basca)	μπερές (αρ.)	[berés]
capuz (m)	κουκούλα (θηλ.)	[kukúlⁱa]
chapéu panamá (m)	παναμάς (αρ.)	[panamás]
touca (f)	πλεκτό καπέλο (ουδ.)	[plektó kapélⁱo]

lenço (m)	μαντήλι (ουδ.)	[mandíli]
chapéu (m) feminino	γυναικείο καπέλο (ουδ.)	[jinekío kapélⁱo]

capacete (m) de proteção	κράνος (ουδ.)	[krános]
bibico (m)	δίκοχο (ουδ.)	[ðíkoxo]
capacete (m)	κράνος (ουδ.)	[krános]

chapéu-coco (m)	μπόουλερ (αρ.)	[bóuler]
cartola (f)	ψηλό καπέλο (ουδ.)	[psilⁱó kapélⁱo]

36. Calçado

calçado (m)	υποδήματα (ουδ.πλ.)	[ipoδímata]
botinas (f pl), sapatos (m pl)	παπούτσια (ουδ.πλ.)	[papútsia]
sapatos (de salto alto, etc.)	γόβες (θηλ.πλ.)	[γóves]
botas (f pl)	μπότες (θηλ.πλ.)	[bótes]
pantufas (f pl)	παντόφλες (θηλ.πλ.)	[pandófles]

tênis (~ Nike, etc.)	αθλητικά (ουδ.πλ.)	[aθlitiká]
tênis (~ Converse)	αθλητικά παπούτσια (ουδ.πλ.)	[aθlitiká papútsia]
sandálias (f pl)	σανδάλια (ουδ.)	[sanðália]

sapateiro (m)	τσαγκάρης (αρ.)	[tsangáris]
salto (m)	τακούνι (ουδ.)	[takúni]
par (m)	ζευγάρι (ουδ.)	[zevγári]

cadarço (m)	κορδόνι (ουδ.)	[korðóni]
amarrar os cadarços	δένω τα κορδόνια	[ðéno ta korðónia]
calçadeira (f)	κόκκαλο παπουτσιών (ουδ.)	[kókalʲo paputsion]
graxa (f) para calçado	κρέμα παπουτσιών (θηλ.)	[kréma paputsión]

37. Acessórios pessoais

luva (f)	γάντια (ουδ.πλ.)	[ɣándia]
cachecol (m)	κασκόλ (ουδ.)	[kaskólʲ]

óculos (m pl)	γυαλιά (ουδ.πλ.)	[ɟaliá]
armação (f)	σκελετός (αρ.)	[skeletós]
guarda-chuva (m)	ομπρέλα (θηλ.)	[ombrélʲa]
bengala (f)	μπαστούνι (ουδ.)	[bastúni]
escova (f) para o cabelo	βούρτσα (θηλ.)	[vúrtsa]
leque (m)	βεντάλια (θηλ.)	[vendália]

gravata (f)	γραβάτα (θηλ.)	[ɣraváta]
gravata-borboleta (f)	παπιγιόν (ουδ.)	[papiɟón]
suspensórios (m pl)	τιράντες (θηλ.πλ.)	[tirándes]
lenço (m)	μαντήλι (ουδ.)	[mandíli]

pente (m)	χτένα (θηλ.)	[xténa]
fivela (f) para cabelo	φουρκέτα (θηλ.)	[furkéta]
grampo (m)	φουρκέτα (θηλ.)	[furkéta]
fivela (f)	πόρπη (θηλ.)	[pórpi]

cinto (m)	ζώνη (θηλ.)	[zóni]
alça (f) de ombro	λουρί (αρ.)	[lʲurí]

bolsa (f)	τσάντα (θηλ.)	[tsánda]
bolsa (feminina)	τσάντα (θηλ.)	[tsánda]
mochila (f)	σακίδιο (ουδ.)	[sakíðio]

38. Vestuário. Diversos

moda (f)	μόδα (θηλ.)	[móða]
na moda (adj)	της μόδας	[tis móðas]
estilista (m)	σχεδιαστής (αρ.)	[sxeðiastís]

colarinho (m)	γιακάς (αρ.)	[ɟakás]
bolso (m)	τσέπη (θηλ.)	[tsépi]
de bolso	της τσέπης	[tis tsépis]
manga (f)	μανίκι (ουδ.)	[maníki]
ganchinho (m)	θηλιά (θηλ.)	[θiliá]
bragueta (f)	φερμουάρ (ουδ.)	[fermuár]

zíper (m)	φερμουάρ (ουδ.)	[fermuár]
colchete (m)	κούμπωμα (ουδ.)	[kúmboma]
botão (m)	κουμπί (ουδ.)	[kumbí]
botoeira (casa de botão)	κουμπότρυπα (θηλ.)	[kumbótripa]
soltar-se (vr)	βγαίνω	[vɟéno]

costurar (vi)	ράβω	[rávo]
bordar (vt)	κεντώ	[kendó]
bordado (m)	κέντημα (ουδ.)	[kéndima]
agulha (f)	βελόνα (θηλ.)	[velióna]
fio, linha (f)	κλωστή (θηλ.)	[kliostí]
costura (f)	ραφή (θηλ.)	[rafí]

sujar-se (vr)	λερώνομαι	[lerónome]
mancha (f)	λεκές (αρ.)	[lekés]
amarrotar-se (vr)	τσαλακώνομαι	[tsaliakónome]
rasgar (vt)	σκίζω	[skízo]
traça (f)	σκόρος (αρ.)	[skóros]

39. Cuidados pessoais. Cosméticos

pasta (f) de dente	οδοντόκρεμα (θηλ.)	[oðondókrema]
escova (f) de dente	οδοντόβουρτσα (θηλ.)	[oðondóvutsa]
escovar os dentes	πλένω τα δόντια	[pléno ta ðóndia]

gilete (f)	ξυράφι (ουδ.)	[ksiráfi]
creme (m) de barbear	κρέμα ξυρίσματος (θηλ.)	[kréma ksirízmatos]
barbear-se (vr)	ξυρίζομαι	[ksirízome]

sabonete (m)	σαπούνι (ουδ.)	[sapúni]
xampu (m)	σαμπουάν (ουδ.)	[sambuán]

tesoura (f)	ψαλίδι (ουδ.)	[psalíði]
lixa (f) de unhas	λίμα νυχιών (θηλ.)	[líma nixión]
corta-unhas (m)	νυχοκόπτης (αρ.)	[nixokóptis]
pinça (f)	τσιμπιδάκι (ουδ.)	[tsimbiðáki]

cosméticos (m pl)	καλλυντικά (ουδ.πλ.)	[kalindiká]
máscara (f)	μάσκα (θηλ.)	[máska]
manicure (f)	μανικιούρ (ουδ.)	[manikiúr]
fazer as unhas	κάνω μανικιούρ	[káno manikiúr]
pedicure (f)	πεντικιούρ (ουδ.)	[pedikiúr]

bolsa (f) de maquiagem	τσαντάκι καλλυντικών (ουδ.)	[tsandáki kalindikón]
pó (de arroz)	πούδρα (θηλ.)	[púðra]
pó (m) compacto	πουδριέρα (θηλ.)	[puðriéra]
blush (m)	ρουζ (ουδ.)	[ruz]

perfume (m)	άρωμα (ουδ.)	[ároma]
água-de-colônia (f)	κολόνια (θηλ.)	[koliónia]
loção (f)	λοσιόν (θηλ.)	[liosión]
colônia (f)	κολόνια (θηλ.)	[koliónia]

sombra (f) de olhos	σκιά ματιών (θηλ.)	[skiá matión]
delineador (m)	μολύβι ματιών (ουδ.)	[molívi matión]
máscara (f), rímel (m)	μάσκαρα (θηλ.)	[máskara]

batom (m)	κραγιόν (ουδ.)	[krajión]
esmalte (m)	βερνίκι νυχιών (ουδ.)	[verníki nixión]
laquê (m), spray fixador (m)	λακ μαλλιών (ουδ.)	[liak malión]

desodorante (m)	αποσμητικό (ουδ.)	[apozmitikó]
creme (m)	κρέμα (θηλ.)	[kréma]
creme (m) de rosto	κρέμα προσώπου (θηλ.)	[kréma prosópu]
creme (m) de mãos	κρέμα χεριών (θηλ.)	[kréma xerión]
creme (m) antirrugas	αντιρυτιδική κρέμα (θηλ.)	[andiritiðikí kréma]
creme (m) de dia	κρέμα ημέρας (θηλ.)	[kréma iméras]
creme (m) de noite	κρέμα νυκτός (θηλ.)	[kréma niktós]

absorvente (m) interno	ταμπόν (ουδ.)	[tabón]
papel (m) higiênico	χαρτί υγείας (ουδ.)	[xartí ijías]
secador (m) de cabelo	πιστολάκι (ουδ.)	[pistoljáki]

40. Relógios de pulso. Relógios

relógio (m) de pulso	ρολόι χειρός (ουδ.)	[roljój xirós]
mostrador (m)	πλάκα ρολογιού (θηλ.)	[pljáka roljojú]
ponteiro (m)	δείκτης (αρ.)	[ðíktis]
bracelete (em aço)	μπρασελέ (ουδ.)	[braselé]
bracelete (em couro)	λουράκι (ουδ.)	[ljuráki]

pilha (f)	μπαταρία (θηλ.)	[bataría]
acabar (vi)	εξαντλούμαι	[eksantljúme]
trocar a pilha	αλλάζω μπαταρία	[aljázo bataría]
estar adiantado	πηγαίνω μπροστά	[pijéno brostá]
estar atrasado	πηγαίνω πίσω	[pijéno píso]

relógio (m) de parede	ρολόι τοίχου (ουδ.)	[roljój tíxu]
ampulheta (f)	κλεψύδρα (θηλ.)	[klepsíðra]
relógio (m) de sol	ηλιακό ρολόι (ουδ.)	[iliakó roljój]
despertador (m)	ξυπνητήρι (ουδ.)	[ksipnitíri]
relojoeiro (m)	ωρολογοποιός (αρ.)	[oroljoɣopiós]
reparar (vt)	επισκευάζω	[episkevázo]

EXPERIÊNCIA DO QUOTIDIANO

41. Dinheiro

dinheiro (m)	χρήματα (ουδ.πλ.)	[xrímata]
câmbio (m)	ανταλλαγή (θηλ.)	[andaḷ'aḷí]
taxa (f) de câmbio	ισοτιμία (θηλ.)	[isotimía]
caixa (m) eletrônico	ATM (ουδ.)	[eitiém]
moeda (f)	κέρμα (ουδ.)	[kérma]

dólar (m)	δολάριο (ουδ.)	[ðol'ário]
euro (m)	ευρώ (ουδ.)	[evró]

lira (f)	λίρα (θηλ.)	[líra]
marco (m)	μάρκο (ουδ.)	[márko]
franco (m)	φράγκο (ουδ.)	[frángo]
libra (f) esterlina	στερλίνα (θηλ.)	[sterlína]
iene (m)	γιεν (ουδ.)	[jién]

dívida (f)	χρέος (ουδ.)	[xréos]
devedor (m)	χρεώστης (αρ.)	[xreóstis]
emprestar (vt)	δανείζω	[ðanízo]
pedir emprestado	δανείζομαι	[ðanízome]

banco (m)	τράπεζα (θηλ.)	[trápeza]
conta (f)	λογαριασμός (αρ.)	[l'oγariazmós]
depositar na conta	καταθέτω στο λογαριασμό	[kataθéto sto l'oγariazmó]
sacar (vt)	κάνω ανάληψη	[káno análipsi]

cartão (m) de crédito	πιστωτική κάρτα (θηλ.)	[pistotikí kárta]
dinheiro (m) vivo	μετρητά (ουδ.πλ.)	[metritá]
cheque (m)	επιταγή (θηλ.)	[epitaḷí]
passar um cheque	κόβω επιταγή	[kóvo epitaḷí]
talão (m) de cheques	βιβλιάριο επιταγών (ουδ.)	[vivliário epitaγón]

carteira (f)	πορτοφόλι (ουδ.)	[portofóli]
niqueleira (f)	πορτοφόλι (ουδ.)	[portofóli]
cofre (m)	χρηματοκιβώτιο (ουδ.)	[xrimatokivótio]

herdeiro (m)	κληρονόμος (αρ.)	[klironómos]
herança (f)	κληρονομιά (θηλ.)	[klironomiá]
fortuna (riqueza)	περιουσία (θηλ.)	[periusía]

arrendamento (m)	σύμβαση μίσθωσης (θηλ.)	[símvasi mísθosis]
aluguel (pagar o ~)	ενοίκιο (ουδ.)	[eníkio]
alugar (vt)	νοικιάζω	[nikiázo]

preço (m)	τιμή (θηλ.)	[timí]
custo (m)	κόστος (ουδ.)	[kóstos]
soma (f)	ποσό (ουδ.)	[posó]

gastar (vt)	ξοδεύω	[ksoδévo]
gastos (m pl)	έξοδα (ουδ.πλ.)	[éksoδa]
economizar (vi)	κάνω οικονομία	[káno ikonomía]
econômico (adj)	οικονομικός	[ikonomikós]

pagar (vt)	πληρώνω	[pliróno]
pagamento (m)	αμοιβή (θηλ.)	[amiví]
troco (m)	ρέστα (ουδ.πλ.)	[résta]

imposto (m)	φόρος (αρ.)	[fóros]
multa (f)	πρόστιμο (ουδ.)	[próstimo]
multar (vt)	επιβάλλω πρόστιμο	[epiválio próstimo]

42. Correios. Serviço postal

agência (f) dos correios	ταχυδρομείο (ουδ.)	[taxiδromío]
correio (m)	ταχυδρομείο (ουδ.)	[taxiδromío]
carteiro (m)	ταχυδρόμος (αρ.)	[taxiδrómos]
horário (m)	ώρες λειτουργίας (θηλ.πλ.)	[óres liturjías]

carta (f)	γράμμα (ουδ.)	[γráma]
carta (f) registada	συστημένο γράμμα (ουδ.)	[sistiméno γráma]
cartão (m) postal	κάρτα (θηλ.)	[kárta]
telegrama (m)	τηλεγράφημα (ουδ.)	[tileγráfima]
encomenda (f)	δέμα (ουδ.)	[δéma]
transferência (f) de dinheiro	έμβασμα (ουδ.)	[émvazma]

receber (vt)	λαμβάνω	[liamváno]
enviar (vt)	στέλνω	[stélino]
envio (m)	αποστολή (θηλ.)	[apostolí]

endereço (m)	διεύθυνση (θηλ.)	[δiéfθinsi]
código (m) postal	ταχυδρομικός κώδικας (αρ.)	[taxiδromikós kóδikas]
remetente (m)	αποστολέας (αρ.)	[apostoléas]
destinatário (m)	παραλήπτης (αρ.)	[paralíptis]
nome (m)	όνομα (ουδ.)	[ónoma]
sobrenome (m)	επώνυμο (ουδ.)	[epónimo]

tarifa (f)	ταχυδρομικό τέλος (ουδ.)	[taxiδromikó télios]
ordinário (adj)	κανονικός	[kanonikós]
econômico (adj)	οικονομικός	[ikonomikós]

peso (m)	βάρος (ουδ.)	[város]
pesar (estabelecer o peso)	ζυγίζω	[zijízo]
envelope (m)	φάκελος (αρ.)	[fákelios]
selo (m) postal	γραμματόσημο (ουδ.)	[γramatósimo]
colar o selo	βάζω γραμματόσημο	[vázo γramatósimo]

43. Banca

banco (m)	τράπεζα (θηλ.)	[trápeza]
balcão (f)	κατάστημα (ουδ.)	[katástima]

| consultor (m) bancário | υπάλληλος (αρ.) | [ipáliⱼos] |
| gerente (m) | διευθυντής (αρ.) | [ðiefθindís] |

conta (f)	λογαριασμός (αρ.)	[loɣariazmós]
número (m) da conta	αριθμός λογαριασμού (αρ.)	[ariθmós loɣariazmú]
conta (f) corrente	τρεχούμενος λογαριασμός (αρ.)	[trexúmenos loɣariazmós]

abrir uma conta	ανοίγω λογαριασμό	[aníɣo loɣariazmó]
fechar uma conta	κλείνω λογαριασμό	[klíno loɣariazmó]
depositar na conta	καταθέτω στο λογαριασμό	[kataθéto sto loɣariazmó]
sacar (vt)	κάνω ανάληψη	[káno análipsi]

depósito (m)	κατάθεση (θηλ.)	[katáθesi]
fazer um depósito	καταθέτω	[kataθéto]
transferência (f) bancária	έμβασμα (ουδ.)	[émvazma]
transferir (vt)	εμβάζω	[emvázo]

| soma (f) | ποσό (ουδ.) | [posó] |
| Quanto? | Πόσο κάνει; | póso káni? |

| assinatura (f) | υπογραφή (θηλ.) | [ipoɣrafí] |
| assinar (vt) | υπογράφω | [ipoɣráfo] |

cartão (m) de crédito	πιστωτική κάρτα (θηλ.)	[pistotikí kárta]
senha (f)	κωδικός (αρ.)	[koðikós]
número (m) do cartão de crédito	αριθμός πιστωτικής κάρτας (αρ.)	[ariθmós pistotikís kártas]
caixa (m) eletrônico	ATM (ουδ.)	[eitiém]

cheque (m)	επιταγή (θηλ.)	[epitaⱼí]
passar um cheque	κόβω επιταγή	[kóvo eplɩaⱼí]
talão (m) de cheques	βιβλιάριο επιταγών (ουδ.)	[vivliário epitaɣón]

empréstimo (m)	δάνειο (ουδ.)	[ðánio]
pedir um empréstimo	υποβάλλω αίτηση για δάνειο	[ipováⱼo étisi ⱼa ðánio]
obter empréstimo	παίρνω δάνειο	[pérno ðánio]
dar um empréstimo	παρέχω δάνειο	[paréxo ðánio]

44. Telefone. Conversação telefônica

telefone (m)	τηλέφωνο (ουδ.)	[tiléfono]
celular (m)	κινητό τηλέφωνο (ουδ.)	[kinitó tiléfono]
secretária (f) eletrônica	τηλεφωνητής (αρ.)	[tilefonitís]

| fazer uma chamada | τηλεφωνώ | [tilefonó] |
| chamada (f) | κλήση (θηλ.) | [klísi] |

discar um número	καλώ έναν αριθμό	[kaló énan ariθmó]
Alô!	Εμπρός!	[embrós]
perguntar (vt)	ρωτάω	[rotáo]
responder (vt)	απαντώ	[apandó]
ouvir (vt)	ακούω	[akúo]

49

bem	καλά	[kalˈá]
mal	χάλια	[xália]
ruído (m)	παρεμβολές (θηλ.πλ.)	[paremvolés]

fone (m)	ακουστικό (ουδ.)	[akustikó]
pegar o telefone	σηκώνω το ακουστικό	[sikóno to akustikó]
desligar (vi)	κλείνω το τηλεφώνο	[klíno to tiléfono]

ocupado (adj)	κατειλημμένος	[katiliménos]
tocar (vi)	χτυπάω	[xtipáo]
lista (f) telefônica	τηλεφωνικός κατάλογος (αρ.)	[tilefonikós katáлˈoγos]

local (adj)	τοπική	[topikí]
de longa distância	υπεραστική	[iperastikí]
internacional (adj)	διεθνής	[ðieθnís]

45. Telefone móvel

celular (m)	κινητό τηλέφωνο (ουδ.)	[kinitó tiléfono]
tela (f)	οθόνη (θηλ.)	[oθóni]
botão (m)	κουμπί (ουδ.)	[kumbí]
cartão SIM (m)	κάρτα SIM (θηλ.)	[kárta sim]

bateria (f)	μπαταρία (θηλ.)	[bataría]
descarregar-se (vr)	εξαντλούμαι	[eksantлˈúme]
carregador (m)	φορτιστής (αρ.)	[fortistís]

menu (m)	μενού (ουδ.)	[menú]
configurações (f pl)	ρυθμίσεις (θηλ.πλ.)	[riθmísis]
melodia (f)	μελωδία (θηλ.)	[melˈoðía]
escolher (vt)	επιλέγω	[epiléγo]

calculadora (f)	αριθμομηχανή (θηλ.)	[ariθmomixaní]
correio (m) de voz	τηλεφωνητής (αρ.)	[tilefonitís]
despertador (m)	ξυπνητήρι (ουδ.)	[ksipnitíri]
contatos (m pl)	επαφές (θηλ.πλ.)	[epafés]

| mensagem (f) de texto | μήνυμα SMS (ουδ.) | [mínima esemés] |
| assinante (m) | συνδρομητής (αρ.) | [sinðromitís] |

46. Estacionário

| caneta (f) | στιλό διαρκείας (ουδ.) | [stilˈó ðiarkías] |
| caneta (f) tinteiro | πέννα (θηλ.) | [péna] |

lápis (m)	μολύβι (ουδ.)	[molívi]
marcador (m) de texto	μαρκαδόρος (αρ.)	[markaðóros]
caneta (f) hidrográfica	μαρκαδόρος (αρ.)	[markaðóros]

| bloco (m) de notas | μπλοκ (ουδ.) | [blˈok] |
| agenda (f) | ατζέντα (θηλ.) | [adzénta] |

régua (f)	χάρακας (αρ.)	[xárakas]
calculadora (f)	αριθμομηχανή (θηλ.)	[ariθmomixaní]
borracha (f)	γόμα (θηλ.)	[γóma]
alfinete (m)	πινέζα (θηλ.)	[pinéza]
clipe (m)	συνδετήρας (αρ.)	[sinðetíras]

cola (f)	κόλλα (θηλ.)	[kólʲa]
grampeador (m)	συρραπτικό (ουδ.)	[siraptikó]
furador (m) de papel	περφορατέρ (ουδ.)	[perforatér]
apontador (m)	ξύστρα (θηλ.)	[ksístra]

47. Línguas estrangeiras

língua (f)	γλώσσα (θηλ.)	[χlʲósa]
língua (f) estrangeira	ξένη γλώσσα (θηλ.)	[kséni χlósa]
estudar (vt)	μελετάω	[meletáo]
aprender (vt)	μαθαίνω	[maθéno]

ler (vt)	διαβάζω	[ðiavázo]
falar (vi)	μιλάω	[milʲáo]
entender (vt)	καταλαβαίνω	[katalʲavéno]
escrever (vt)	γράφω	[χráfo]

rapidamente	γρήγορα	[χríχora]
devagar, lentamente	αργά	[arγá]
fluentemente	ευφράδεια	[effráðia]

regras (f pl)	κανόνες (αρ.πλ.)	[kanónes]
gramática (f)	γραμματική (θηλ.)	[χramatikí]
vocabulário (m)	λεξιλόγιο (ουδ.)	[leksilʲóʝo]
fonética (f)	φωνητική (θηλ.)	[fonitikí]

livro (m) didático	σχολικό βιβλίο (ουδ.)	[sxolikó vivlío]
dicionário (m)	λεξικό (ουδ.)	[leksikó]
manual (m) autodidático	εγχειρίδιο αυτοδιδασκαλίας (ουδ.)	[enxiríðio aftoðiðaskalías]
guia (m) de conversação	βιβλίο φράσεων (ουδ.)	[vivlío fráseon]

fita (f) cassete	κασέτα (θηλ.)	[kaséta]
videoteipe (m)	βιντεοκασέτα (θηλ.)	[videokaséta]
CD (m)	συμπαγής δίσκος (αρ.)	[simpaʝís ðískos]
DVD (m)	DVD (ουδ.)	[dividí]

| alfabeto (m) | αλφάβητος (θηλ.) | [alʲfávitos] |
| pronúncia (f) | προφορά (θηλ.) | [proforá] |

sotaque (m)	προφορά (θηλ.)	[proforá]
com sotaque	με προφορά	[me proforá]
sem sotaque	χωρίς προφορά	[xorís proforá]

palavra (f)	λέξη (θηλ.)	[léksi]
sentido (m)	σημασία (θηλ.)	[simasía]
curso (m)	μαθήματα (ουδ.πλ.)	[maθímata]
inscrever-se (vr)	γράφομαι	[χráfome]

professor (m)	καθηγητής (αρ.)	[kaθijitís]
tradução (processo)	μετάφραση (θηλ.)	[metáfrasi]
tradução (texto)	μετάφραση (θηλ.)	[metáfrasi]
tradutor (m)	μεταφραστής (αρ.)	[metafrastís]
intérprete (m)	διερμηνέας (αρ.)	[ðierminéas]
poliglota (m)	πολύγλωσσος (αρ.)	[políɣlosos]
memória (f)	μνήμη (θηλ.)	[mními]

REFEIÇÕES. RESTAURANTE

48. Por a mesa

colher (f)	κουτάλι (ουδ.)	[kutáli]
faca (f)	μαχαίρι (ουδ.)	[maxéri]
garfo (m)	πιρούνι (ουδ.)	[pirúni]

xícara (f)	φλιτζάνι (ουδ.)	[flidzáni]
prato (m)	πιάτο (ουδ.)	[piáto]
pires (m)	πιατάκι (ουδ.)	[piatáki]
guardanapo (m)	χαρτοπετσέτα (θηλ.)	[xartopetséta]
palito (m)	οδοντογλυφίδα (θηλ.)	[oðondoɣlifíða]

49. Restaurante

restaurante (m)	εστιατόριο (ουδ.)	[estiatório]
cafeteria (f)	καφετέρια (θηλ.)	[kafetéria]
bar (m), cervejaria (f)	μπαρ (ουδ.), μπυραρία (θηλ.)	[bar], [biraría]
salão (m) de chá	τσαγερί (θηλ.)	[tsajerí]

garçom (m)	σερβιτόρος (αρ.)	[servitóros]
garçonete (f)	σερβιτόρα (θηλ.)	[servitóra]
barman (m)	μπάρμαν (αρ.)	[bárman]

cardápio (m)	κατάλογος (αρ.)	[katáloɣos]
lista (f) de vinhos	κατάλογος κρασιών (αρ.)	[katáloɣos krasión]
reservar uma mesa	κλείνω τραπέζι	[klíno trapézi]

prato (m)	πιάτο (ουδ.)	[piáto]
pedir (vt)	παραγγέλνω	[parangélno]
fazer o pedido	κάνω παραγγελία	[káno parangelía]

aperitivo (m)	απεριτίφ (ουδ.)	[aperitíf]
entrada (f)	ορεκτικό (ουδ.)	[orektikó]
sobremesa (f)	επιδόρπιο (ουδ.)	[epiðórpio]

conta (f)	λογαριασμός (αρ.)	[loɣariazmós]
pagar a conta	πληρώνω λογαριασμό	[plíróno loɣariazmó]
dar o troco	δίνω τα ρέστα	[ðíno ta résta]
gorjeta (f)	πουρμπουάρ (ουδ.)	[purbuár]

50. Refeições

| comida (f) | τροφή (θηλ.), φαγητό (ουδ.) | [trofí], [fajitó] |
| comer (vt) | τρώω | [tróo] |

café (m) da manhã	πρωινό (ουδ.)	[proinó]
tomar café da manhã	παίρνω πρωινό	[pérno proinó]
almoço (m)	μεσημεριανό (ουδ.)	[mesimerianó]
almoçar (vi)	τρώω μεσημεριανό	[tróo mesimerianó]
jantar (m)	δείπνο (ουδ.)	[ðípno]
jantar (vi)	τρώω βραδινό	[tróo vraðinó]

| apetite (m) | όρεξη (θηλ.) | [óreksi] |
| Bom apetite! | Καλή όρεξη! | [kalí óreksi] |

abrir (~ uma lata, etc.)	ανοίγω	[aníγo]
derramar (~ líquido)	χύνω	[xíno]
derramar-se (vr)	χύνομαι	[xínome]

ferver (vi)	βράζω	[vrázo]
ferver (vt)	βράζω	[vrázo]
fervido (adj)	βρασμένος	[vrazménos]
esfriar (vt)	κρυώνω	[krióno]
esfriar-se (vr)	κρυώνω	[krióno]

| sabor, gosto (m) | γεύση (θηλ.) | [jéfsi] |
| fim (m) de boca | επίγευση (θηλ.) | [epíjefsi] |

emagrecer (vi)	αδυνατίζω	[aðinatízo]
dieta (f)	δίαιτα (θηλ.)	[ðíeta]
vitamina (f)	βιταμίνη (θηλ.)	[vitamíni]
caloria (f)	θερμίδα (θηλ.)	[θermíða]
vegetariano (m)	χορτοφάγος (αρ.)	[xortofáγos]
vegetariano (adj)	χορτοφάγος	[xortofáγos]

gorduras (f pl)	λίπη (ουδ.πλ.)	[lípi]
proteínas (f pl)	πρωτεΐνες (θηλ.πλ.)	[proteínes]
carboidratos (m pl)	υδατάνθρακες (αρ.πλ.)	[iðatánθrakes]
fatia (~ de limão, etc.)	φέτα (θηλ.)	[féta]
pedaço (~ de bolo)	κομμάτι (ουδ.)	[komáti]
migalha (f), farelo (m)	ψίχουλο (ουδ.)	[psíxulo]

51. Pratos cozinhados

prato (m)	πιάτο (ουδ.)	[piáto]
cozinha (~ portuguesa)	κουζίνα (θηλ.)	[kuzína]
receita (f)	συνταγή (θηλ.)	[sindají]
porção (f)	μερίδα (θηλ.)	[meríða]

| salada (f) | σαλάτα (θηλ.) | [salláta] |
| sopa (f) | σούπα (θηλ.) | [súpa] |

caldo (m)	ζωμός (αρ.)	[zomós]
sanduíche (m)	σάντουιτς (ουδ.)	[sánduits]
ovos (m pl) fritos	τηγανητά αυγά (ουδ.πλ.)	[tiγanitá avγá]

hambúrguer (m)	χάμπουργκερ (ουδ.)	[xámburger]
bife (m)	μπριζόλα (θηλ.)	[brizólla]
acompanhamento (m)	συνοδευτικό πιάτο (ουδ.)	[sinoðeftikó piáto]

espaguete (m)	σπαγγέτι (ουδ.)	[spagéti]
purê (m) de batata	πουρές (αρ.)	[purés]
pizza (f)	πίτσα (θηλ.)	[pítsa]
omelete (f)	ομελέτα (θηλ.)	[omeléta]

fervido (adj)	βραστός	[vrastós]
defumado (adj)	καπνιστός	[kapnistós]
frito (adj)	τηγανητός	[tiɣanitós]
seco (adj)	αποξηραμένος	[apoksiraménos]
congelado (adj)	κατεψυγμένος	[katepsiɣménos]
em conserva (adj)	τουρσί	[tursí]

doce (adj)	γλυκός	[ɣlikós]
salgado (adj)	αλμυρός	[alʲmirós]
frio (adj)	κρύος	[kríos]
quente (adj)	ζεστός	[zestós]
amargo (adj)	πικρός	[pikrós]
gostoso (adj)	νόστιμος	[nóstimos]

cozinhar em água fervente	βράζω	[vrázo]
preparar (vt)	μαγειρεύω	[majirévo]
fritar (vt)	τηγανίζω	[tiɣanízo]
aquecer (vt)	ζεσταίνω	[zesténo]

salgar (vt)	αλατίζω	[alʲatízo]
apimentar (vt)	πιπερώνω	[piperóno]
ralar (vt)	τρίβω	[trívo]
casca (f)	φλούδα (θηλ.)	[flʲúða]
descascar (vt)	καθαρίζω	[kaθarízo]

52. Comida

carne (f)	κρέας (ουδ.)	[kréas]
galinha (f)	κότα (θηλ.)	[kóta]
frango (m)	κοτόπουλο (ουδ.)	[kotópulʲo]
pato (m)	πάπια (θηλ.)	[pápia]
ganso (m)	χήνα (θηλ.)	[xína]
caça (f)	θήραμα (ουδ.)	[θírama]
peru (m)	γαλοπούλα (θηλ.)	[ɣalʲopúlʲa]

carne (f) de porco	χοιρινό κρέας (ουδ.)	[xirinó kréas]
carne (f) de vitela	μοσχαρίσιο κρέας (ουδ.)	[mosxarísio kréas]
carne (f) de carneiro	αρνήσιο κρέας (ουδ.)	[arnísio kréas]
carne (f) de vaca	βοδινό κρέας (ουδ.)	[voðinó kréas]
carne (f) de coelho	κουνέλι (ουδ.)	[kunéli]

linguiça (f), salsichão (m)	λουκάνικο (ουδ.)	[lʲukániko]
salsicha (f)	λουκάνικο (ουδ.)	[lʲukániko]
bacon (m)	μπέικον (ουδ.)	[béjkon]
presunto (m)	ζαμπόν (ουδ.)	[zabón]
pernil (m) de porco	καπνιστό χοιρομέρι (ουδ.)	[kapnistó xiroméri]

patê (m)	πατέ (ουδ.)	[paté]
fígado (m)	συκώτι (ουδ.)	[sikóti]

| guisado (m) | κιμάς (αρ.) | [kimás] |
| língua (f) | γλώσσα (θηλ.) | [ɣlʲósa] |

ovo (m)	αυγό (ουδ.)	[avɣó]
ovos (m pl)	αυγά (ουδ.πλ.)	[avɣá]
clara (f) de ovo	ασπράδι (ουδ.)	[aspráði]
gema (f) de ovo	κρόκος (αρ.)	[krókos]

peixe (m)	ψάρι (ουδ.)	[psári]
mariscos (m pl)	θαλασσινά (θηλ.πλ.)	[θalʲasiná]
caviar (m)	χαβιάρι (ουδ.)	[xaviári]

caranguejo (m)	καβούρι (ουδ.)	[kavúri]
camarão (m)	γαρίδα (θηλ.)	[ɣaríða]
ostra (f)	στρείδι (ουδ.)	[stríði]
lagosta (f)	ακανθωτός αστακός (αρ.)	[akanθotós astakós]
polvo (m)	χταπόδι (ουδ.)	[xtapóði]
lula (f)	καλαμάρι (ουδ.)	[kalʲamári]

esturjão (m)	οξύρυγχος (αρ.)	[oksírinxos]
salmão (m)	σολομός (αρ.)	[solʲomós]
halibute (m)	ιππόγλωσσος (αρ.)	[ipóɣlʲosos]

bacalhau (m)	μπακαλιάρος (αρ.)	[bakaliáros]
cavala, sarda (f)	σκουμπρί (ουδ.)	[skumbrí]
atum (m)	τόνος (αρ.)	[tónos]
enguia (f)	χέλι (ουδ.)	[xéli]

truta (f)	πέστροφα (θηλ.)	[péstrofa]
sardinha (f)	σαρδέλα (θηλ.)	[sarðélʲa]
lúcio (m)	λούτσος (αρ.)	[lʲútsos]
arenque (m)	ρέγγα (θηλ.)	[rénga]

pão (m)	ψωμί (ουδ.)	[psomí]
queijo (m)	τυρί (ουδ.)	[tirí]
açúcar (m)	ζάχαρη (θηλ.)	[záxari]
sal (m)	αλάτι (ουδ.)	[alʲáti]

arroz (m)	ρύζι (ουδ.)	[rízi]
massas (f pl)	ζυμαρικά (ουδ.πλ.)	[zimariká]
talharim, miojo (m)	νουντλς (ουδ.πλ.)	[nudls]

manteiga (f)	βούτυρο (ουδ.)	[vútiro]
óleo (m) vegetal	φυτικό λάδι (ουδ.)	[fitikó lʲáði]
óleo (m) de girassol	ηλιέλαιο (ουδ.)	[iliéleo]
margarina (f)	μαργαρίνη (θηλ.)	[marɣaríni]

| azeitonas (f pl) | ελιές (θηλ.πλ.) | [eliés] |
| azeite (m) | ελαιόλαδο (ουδ.) | [eleólʲaðo] |

leite (m)	γάλα (ουδ.)	[ɣálʲa]
leite (m) condensado	συμπυκνωμένο γάλα (ουδ.)	[simbiknoméno ɣálʲa]
iogurte (m)	γιαούρτι (ουδ.)	[jaúrti]
creme (m) azedo	ξινή κρέμα (θηλ.)	[ksiní kréma]
creme (m) de leite	κρέμα γάλακτος (θηλ.)	[kréma ɣálʲaktos]
maionese (f)	μαγιονέζα (θηλ.)	[majonéza]

creme (m)	κρέμα (θηλ.)	[kréma]
grãos (m pl) de cereais	πλιγούρι (ουδ.)	[pliɣúri]
farinha (f)	αλεύρι (ουδ.)	[alévri]
enlatados (m pl)	κονσέρβες (θηλ.πλ.)	[konsérves]

flocos (m pl) de milho	κορν φλέικς (ουδ.πλ.)	[kornfléjks]
mel (m)	μέλι (ουδ.)	[méli]
geleia (m)	μαρμελάδα (θηλ.)	[marmelʲáða]
chiclete (m)	τσίχλα (θηλ.)	[tsíxlʲa]

53. Bebidas

água (f)	νερό (ουδ.)	[neró]
água (f) potável	πόσιμο νερό (ουδ.)	[pósimo neró]
água (f) mineral	μεταλλικό νερό (ουδ.)	[metalikó neró]

sem gás (adj)	χωρίς ανθρακικό	[xorís anθrakikó]
gaseificada (adj)	ανθρακούχος	[anθrakúxos]
com gás	ανθρακούχο	[anθrakúxo]
gelo (m)	πάγος (αρ.)	[páɣos]
com gelo	με πάγο	[me páɣo]

não alcoólico (adj)	χωρίς αλκοόλ	[xorís alʲkoólʲ]
refrigerante (m)	αναψυκτικό (ουδ.)	[anapsiktikó]
refresco (m)	αναψυκτικό (ουδ.)	[anapsiktikó]
limonada (f)	λεμονάδα (θηλ.)	[lemonáða]

bebidas (f pl) alcoólicas	αλκοολούχα ποτά (ουδ.πλ.)	[alʲkoolʲúxa potá]
vinho (m)	κρασί (ουδ.)	[krasí]
vinho (m) branco	λευκό κρασί (ουδ.)	[lefkó krasi]
vinho (m) tinto	κόκκινο κρασί (ουδ.)	[kókino krasí]

licor (m)	λικέρ (ουδ.)	[likér]
champanhe (m)	σαμπάνια (θηλ.)	[sambánia]
vermute (m)	βερμούτ (ουδ.)	[vermút]

uísque (m)	ουίσκι (ουδ.)	[wíski]
vodca (f)	βότκα (θηλ.)	[vótka]
gim (m)	τζιν (ουδ.)	[dzin]
conhaque (m)	κονιάκ (ουδ.)	[konják]
rum (m)	ρούμι (ουδ.)	[rúmi]

café (m)	καφές (αρ.)	[kafés]
café (m) preto	σκέτος καφές (αρ.)	[skétos kafés]
café (m) com leite	καφές με γάλα (αρ.)	[kafés me ɣálʲa]
cappuccino (m)	καπουτσίνο (αρ.)	[kaputsíno]
café (m) solúvel	στιγμιαίος καφές (αρ.)	[stiɣmiéos kafes]

leite (m)	γάλα (ουδ.)	[ɣálʲa]
coquetel (m)	κοκτέιλ (ουδ.)	[koktéjlʲ]
batida (f), milkshake (m)	μιλκσέικ (ουδ.)	[milʲkséjk]

| suco (m) | χυμός (αρ.) | [ximós] |
| suco (m) de tomate | χυμός ντομάτας (αρ.) | [ximós domátas] |

| suco (m) de laranja | χυμός πορτοκαλιού (αρ.) | [ximós portokaliú] |
| suco (m) fresco | φρέσκος χυμός (αρ.) | [fréskos ximós] |

cerveja (f)	μπύρα (θηλ.)	[bíra]
cerveja (f) clara	ανοιχτόχρωμη μπύρα (θηλ.)	[anixtóxromi bíra]
cerveja (f) preta	σκούρα μπύρα (θηλ.)	[skúra bíra]

chá (m)	τσάι (ουδ.)	[tsáj]
chá (m) preto	μαύρο τσάι (ουδ.)	[mávro tsaj]
chá (m) verde	πράσινο τσάι (ουδ.)	[prásino tsaj]

54. Vegetais

| vegetais (m pl) | λαχανικά (ουδ.πλ.) | [lʲaxaniká] |
| verdura (f) | χόρτα (ουδ.) | [xórta] |

tomate (m)	ντομάτα (θηλ.)	[domáta]
pepino (m)	αγγούρι (ουδ.)	[angúri]
cenoura (f)	καρότο (ουδ.)	[karóto]
batata (f)	πατάτα (θηλ.)	[patáta]
cebola (f)	κρεμμύδι (ουδ.)	[kremíði]
alho (m)	σκόρδο (ουδ.)	[skórðo]

couve (f)	λάχανο (ουδ.)	[lʲáxano]
couve-flor (f)	κουνουπίδι (ουδ.)	[kunupíði]
couve-de-bruxelas (f)	λαχανάκι Βρυξελλών (ουδ.)	[lʲaxanáki vrikselʲón]
brócolis (m pl)	μπρόκολο (ουδ.)	[brókolʲo]
beterraba (f)	παντζάρι (ουδ.)	[pandzári]
berinjela (f)	μελιτζάνα (θηλ.)	[melidzána]
abobrinha (f)	κολοκύθι (ουδ.)	[kolʲokíθi]
abóbora (f)	κολοκύθα (θηλ.)	[kolʲokíθa]
nabo (m)	γογγύλι (ουδ.), ρέβα (θηλ.)	[ɣongíli], [réva]

salsa (f)	μαϊντανός (αρ.)	[majdanós]
endro, aneto (m)	άνηθος (αρ.)	[ániθos]
alface (f)	μαρούλι (ουδ.)	[marúli]
aipo (m)	σέλινο (ουδ.)	[sélino]
aspargo (m)	σπαράγγι (ουδ.)	[sparángi]
espinafre (m)	σπανάκι (ουδ.)	[spanáki]
ervilha (f)	αρακάς (αρ.)	[arakás]
feijão (~ soja, etc.)	κουκί (ουδ.)	[kukí]
milho (m)	καλαμπόκι (ουδ.)	[kalʲambóki]
feijão (m) roxo	κόκκινο φασόλι (ουδ.)	[kókino fasóli]

pimentão (m)	πιπεριά (θηλ.)	[piperiá]
rabanete (m)	ρεπανάκι (ουδ.)	[repanáki]
alcachofra (f)	αγκινάρα (θηλ.)	[anginára]

55. Frutos. Nozes

| fruta (f) | φρούτο (ουδ.) | [frúto] |
| maçã (f) | μήλο (ουδ.) | [mílʲo] |

pera (f)	αχλάδι (ουδ.)	[axlᶥáði]
limão (m)	λεμόνι (ουδ.)	[lemóni]
laranja (f)	πορτοκάλι (ουδ.)	[portokáli]
morango (m)	φράουλα (θηλ.)	[fráulᶥa]

tangerina (f)	μανταρίνι (ουδ.)	[mandaríni]
ameixa (f)	δαμάσκηνο (ουδ.)	[ðamáskino]
pêssego (m)	ροδάκινο (ουδ.)	[roðákino]
damasco (m)	βερίκοκο (ουδ.)	[veríkoko]
framboesa (f)	σμέουρο (ουδ.)	[zméuro]
abacaxi (m)	ανανάς (αρ.)	[ananás]

banana (f)	μπανάνα (θηλ.)	[banána]
melancia (f)	καρπούζι (ουδ.)	[karpúzi]
uva (f)	σταφύλι (ουδ.)	[stafíli]
ginja (f)	βύσσινο (ουδ.)	[vísino]
cereja (f)	κεράσι (ουδ.)	[kerási]
melão (m)	πεπόνι (ουδ.)	[pepóni]

toranja (f)	γκρέιπφρουτ (ουδ.)	[gréjpfrut]
abacate (m)	αβοκάντο (ουδ.)	[avokádo]
mamão (m)	παπάγια (θηλ.)	[papája]
manga (f)	μάγκο (ουδ.)	[mángo]
romã (f)	ρόδι (ουδ.)	[róði]

groselha (f) vermelha	κόκκινο φραγκοστάφυλο (ουδ.)	[kókino frangostáfilᶥo]
groselha (f) negra	μαύρο φραγκοστάφυλο (ουδ.)	[mávro frangostáfilᶥo]
groselha (f) espinhosa	λαγοκέρασο (ουδ.)	[lᶥagokéraso]
mirtilo (m)	μύρτιλλο (ουδ.)	[mírtilᶥo]
amora (f) silvestre	βατόμουρο (ουδ.)	[vatómuro]

passa (f)	σταφίδα (θηλ.)	[stafíða]
figo (m)	σύκο (ουδ.)	[síko]
tâmara (f)	χουρμάς (αρ.)	[xurmás]

amendoim (m)	φυστίκι (ουδ.)	[fistíki]
amêndoa (f)	αμύγδαλο (ουδ.)	[amíγðalᶥo]
noz (f)	καρύδι (ουδ.)	[karíði]
avelã (f)	φουντούκι (ουδ.)	[fundúki]
coco (m)	καρύδα (θηλ.)	[karíða]
pistaches (m pl)	φυστίκια (ουδ.πλ.)	[fistíkia]

56. Pão. Bolaria

pastelaria (f)	ζαχαροπλαστική (θηλ.)	[zaxaroplᶥastikí]
pão (m)	ψωμί (ουδ.)	[psomí]
biscoito (m), bolacha (f)	μπισκότο (ουδ.)	[biskóto]

chocolate (m)	σοκολάτα (θηλ.)	[sokolᶥáta]
de chocolate	σοκολατένιος	[sokolᶥaténios]
bala (f)	καραμέλα (θηλ.)	[karamélᶥa]
doce (bolo pequeno)	κέικ (ουδ.)	[kéjk]

bolo (m) de aniversário	τούρτα (θηλ.)	[túrta]
torta (f)	πίτα (θηλ.)	[píta]
recheio (m)	γέμιση (θηλ.)	[jémisi]

geleia (m)	μαρμελάδα (θηλ.)	[marmelʲáða]
marmelada (f)	μαρμελάδα (θηλ.)	[marmelʲáða]
wafers (m pl)	γκοφρέτες (θηλ.πλ.)	[gofrétes]
sorvete (m)	παγωτό (ουδ.)	[paɣotó]

57. Especiarias

sal (m)	αλάτι (ουδ.)	[alʲáti]
salgado (adj)	αλμυρός	[alʲmirós]
salgar (vt)	αλατίζω	[alʲatízo]

pimenta-do-reino (f)	μαύρο πιπέρι (ουδ.)	[mávro pipéri]
pimenta (f) vermelha	κόκκινο πιπέρι (ουδ.)	[kókino pipéri]
mostarda (f)	μουστάρδα (θηλ.)	[mustárða]
raiz-forte (f)	χρένο (ουδ.)	[xréno]

condimento (m)	μπαχαρικό (ουδ.)	[baxarikó]
especiaria (f)	καρύκευμα (ουδ.)	[karíkevma]
molho (~ inglês)	σάλτσα (θηλ.)	[sálʲtsa]
vinagre (m)	ξίδι (ουδ.)	[ksíði]

anis estrelado (m)	γλυκάνισος (αρ.)	[ɣlikánisos]
manjericão (m)	βασιλικός (αρ.)	[vasilikós]
cravo (m)	γαρίφαλο (ουδ.)	[ɣarífalʲo]
gengibre (m)	πιπερόριζα (θηλ.)	[piperóriza]
coentro (m)	κόλιανδρος (αρ.)	[kólianðros]
canela (f)	κανέλα (θηλ.)	[kanélʲa]

gergelim (m)	σουσάμι (ουδ.)	[susámi]
folha (f) de louro	φύλλο δάφνης (ουδ.)	[fílʲo ðáfnis]
páprica (f)	πάπρικα (θηλ.)	[páprika]
cominho (m)	κύμινο (ουδ.)	[kímino]
açafrão (m)	σαφράν (ουδ.)	[safrán]

INFORMAÇÃO PESSOAL. FAMÍLIA

58. Informação pessoal. Formulários

nome (m)	όνομα (ουδ.)	[ónoma]
sobrenome (m)	επώνυμο (ουδ.)	[epónimo]
data (f) de nascimento	ημερομηνία γέννησης (θηλ.)	[imerominía jénisis]
local (m) de nascimento	τόπος γέννησης (αρ.)	[tópos jénisis]
nacionalidade (f)	εθνικότητα (θηλ.)	[eθnikótita]
lugar (m) de residência	τόπος διαμονής (αρ.)	[tópos ðiamonís]
país (m)	χώρα (θηλ.)	[xóra]
profissão (f)	επάγγελμα (ουδ.)	[epángelima]
sexo (m)	φύλο (ουδ.)	[fílio]
estatura (f)	ύψος, μπόι (ουδ.)	[ípsos], [bói]
peso (m)	βάρος (ουδ.)	[város]

59. Membros da família. Parentes

mãe (f)	μητέρα (θηλ.)	[mitéra]
pai (m)	πατέρας (αρ.)	[patéras]
filho (m)	γιός (αρ.)	[jos]
filha (f)	κόρη (θηλ.)	[kóri]
caçula (f)	μικρότερη κόρη (ουδ.)	[mikróteri kóri]
caçula (m)	μικρότερος γιός (αρ.)	[mikróteros jos]
filha (f) mais velha	μεγαλύτερη κόρη (θηλ.)	[meɣalíteri kóri]
filho (m) mais velho	μεγαλύτερος γιός (αρ.)	[meɣalíteros jiós]
irmão (m)	αδερφός (αρ.)	[aðerfós]
irmã (f)	αδερφή (θηλ.)	[aðerfí]
primo (m)	ξάδερφος (αρ.)	[ksáðerfos]
prima (f)	ξαδέρφη (θηλ.)	[ksaðérfi]
mamãe (f)	μαμά (θηλ.)	[mamá]
papai (m)	μπαμπάς (αρ.)	[babás]
pais (pl)	γονείς (αρ.πλ.)	[ɣonís]
criança (f)	παιδί (ουδ.)	[peðí]
crianças (f pl)	παιδιά (ουδ.πλ.)	[peðiá]
avó (f)	γιαγιά (θηλ.)	[jajá]
avô (m)	παπούς (αρ.)	[papús]
neto (m)	εγγονός (αρ.)	[engonós]
neta (f)	εγγονή (θηλ.)	[engoní]
netos (pl)	εγγόνια (ουδ.πλ.)	[engónia]
tio (m)	θείος (αρ.)	[θíos]
tia (f)	θεία (θηλ.)	[θía]

sobrinho (m)	ανιψιός (αρ.)	[anipsiós]
sobrinha (f)	ανιψιά (θηλ.)	[anipsiá]

sogra (f)	πεθερά (θηλ.)	[peθerá]
sogro (m)	πεθερός (αρ.)	[peθerós]
genro (m)	γαμπρός (αρ.)	[γambrós]
madrasta (f)	μητριά (θηλ.)	[mitriá]
padrasto (m)	πατριός (αρ.)	[patriós]

criança (f) de colo	βρέφος (ουδ.)	[vréfos]
bebê (m)	βρέφος (ουδ.)	[vréfos]
menino (m)	νήπιο (ουδ.)	[nípio]

mulher (f)	γυναίκα (θηλ.)	[jinéka]
marido (m)	άνδρας (αρ.)	[ánðras]
esposo (m)	σύζυγος (αρ.)	[síziγos]
esposa (f)	σύζυγος (θηλ.)	[síziγos]

casado (adj)	παντρεμένος	[pandreménos]
casada (adj)	παντρεμένη	[pandreméni]
solteiro (adj)	ανύπαντρος	[anípandros]
solteirão (m)	εργένης (αρ.)	[erjénis]
divorciado (adj)	χωρισμένος	[xorizménos]
viúva (f)	χήρα (θηλ.)	[xíra]
viúvo (m)	χήρος (αρ.)	[xíros]

parente (m)	συγγενής (αρ.)	[singenís]
parente (m) próximo	κοντινός συγγενής (αρ.)	[kondinós singenís]
parente (m) distante	μακρινός συγγενής (αρ.)	[makrinós singenís]
parentes (m pl)	συγγενείς (αρ.πλ.)	[singenís]

órfão (m), órfã (f)	ορφανό (ουδ.)	[orfanó]
tutor (m)	κηδεμόνας (αρ.)	[kiðemónas]
adotar (um filho)	υιοθετώ	[ioθetó]
adotar (uma filha)	υιοθετώ	[ioθetó]

60. Amigos. Colegas de trabalho

amigo (m)	φίλος (αρ.)	[fílʲos]
amiga (f)	φίλη (θηλ.)	[fíli]
amizade (f)	φιλία (θηλ.)	[filía]
ser amigos	κάνω φιλία	[káno filía]

amigo (m)	φίλος (αρ.)	[fílʲos]
amiga (f)	φιλενάδα (θηλ.)	[filenáða]
parceiro (m)	συνέταιρος (αρ.)	[sinéteros]

chefe (m)	αφεντικό (ουδ.)	[afendikó]
superior (m)	προϊστάμενος (αρ.)	[projstámenos]
subordinado (m)	υφιστάμενος (αρ.)	[ifistámenos]
colega (m, f)	συνεργάτης (αρ.)	[sineryátis]

conhecido (m)	γνωστός (αρ.)	[γnostós]
companheiro (m) de viagem	συνταξιδιώτης (αρ.)	[sindaksiðiótis]

colega (m) de classe	συμμαθητής (αρ.)	[simaθitís]
vizinho (m)	γείτονας (αρ.)	[jítonas]
vizinha (f)	γειτόνισσα (θηλ.)	[jitónisa]
vizinhos (pl)	γείτονες (αρ.πλ.)	[jítones]

CORPO HUMANO. MEDICINA

61. Cabeça

cabeça (f)	κεφάλι (ουδ.)	[kefáli]
rosto, cara (f)	πρόσωπο (ουδ.)	[prósopo]
nariz (m)	μύτη (θηλ.)	[míti]
boca (f)	στόμα (ουδ.)	[stóma]

olho (m)	μάτι (ουδ.)	[máti]
olhos (m pl)	μάτια (ουδ.πλ.)	[mátia]
pupila (f)	κόρη (θηλ.)	[kóri]
sobrancelha (f)	φρύδι (ουδ.)	[fríði]
cílio (f)	βλεφαρίδα (θηλ.)	[vlefaríða]
pálpebra (f)	βλέφαρο (ουδ.)	[vléfaro]

língua (f)	γλώσσα (θηλ.)	[χľósa]
dente (m)	δόντι (ουδ.)	[ðóndi]
lábios (m pl)	χείλη (ουδ.πλ.)	[xíli]
maçãs (f pl) do rosto	ζυγωματικά (ουδ.πλ.)	[ziɣomatiká]
gengiva (f)	ούλο (ουδ.)	[úľo]
palato (m)	ουρανίσκος (αρ.)	[uranískos]

narinas (f pl)	ρουθούνια (ουδ.πλ.)	[ruθúnia]
queixo (m)	πηγούνι (ουδ.)	[piɣúni]
mandíbula (f)	σαγόνι (ουδ.)	[saɣóni]
bochecha (f)	μάγουλο (ουδ.)	[máɣuľo]

testa (f)	μέτωπο (ουδ.)	[métopo]
têmpora (f)	κρόταφος (αρ.)	[krótafos]
orelha (f)	αυτί (ουδ.)	[aftí]
costas (f pl) da cabeça	πίσω μέρος του κεφαλιού (ουδ.)	[píso méros tu kefaliú]
pescoço (m)	αυχένας , σβέρκος (αρ.)	[afxénas], [svérkos]
garganta (f)	λαιμός (αρ.)	[lemós]

cabelo (m)	μαλλιά (ουδ.πλ.)	[maliá]
penteado (m)	χτένισμα (ουδ.)	[xténizma]
corte (m) de cabelo	κούρεμα (ουδ.)	[kúrema]
peruca (f)	περούκα (θηλ.)	[perúka]

bigode (m)	μουστάκι (ουδ.)	[mustáki]
barba (f)	μούσι (ουδ.)	[músi]
ter (~ barba, etc.)	φορώ	[foró]
trança (f)	κοτσίδα (θηλ.)	[kotsíða]
suíças (f pl)	φαβορίτες (θηλ.πλ.)	[favorítes]

ruivo (adj)	κοκκινομάλλης	[kokinomális]
grisalho (adj)	γκρίζος	[grízos]
careca (adj)	φαλακρός	[faľakrós]

calva (f)	φαλάκρα (θηλ.)	[falʲákra]
rabo-de-cavalo (m)	αλογοουρά (θηλ.)	[aloγourá]
franja (f)	φράντζα (θηλ.)	[frándza]

62. Corpo humano

| mão (f) | χέρι (ουδ.) | [xéri] |
| braço (m) | χέρι (ουδ.) | [xéri] |

dedo (m)	δάχτυλο (ουδ.)	[ðáxtilʲo]
polegar (m)	αντίχειρας (αρ.)	[andíxiras]
dedo (m) mindinho	μικρό δάχτυλο (ουδ.)	[mikró ðáxtilʲo]
unha (f)	νύχι (ουδ.)	[níxi]

punho (m)	γροθιά (θηλ.)	[γroθxá]
palma (f)	παλάμη (θηλ.)	[palʲámi]
pulso (m)	καρπός (αρ.)	[karpós]
antebraço (m)	πήχης (αρ.)	[píxis]
cotovelo (m)	αγκώνας (αρ.)	[angónas]
ombro (m)	ώμος (αρ.)	[ómos]

perna (f)	πόδι (ουδ.)	[póði]
pé (m)	πόδι (ουδ.)	[póði]
joelho (m)	γόνατο (ουδ.)	[γónato]
panturrilha (f)	γάμπα (θηλ.)	[γámba]
quadril (m)	γοφός (αρ.)	[γofós]
calcanhar (m)	φτέρνα (θηλ.)	[ftérna]

corpo (m)	σώμα (ουδ.)	[sóma]
barriga (f), ventre (m)	κοιλιά (θηλ.)	[kiliá]
peito (m)	στήθο (ουδ.)	[stíθos]
seio (m)	στήθος (ουδ.)	[stíθos]
lado (m)	λαγόνα (θηλ.)	[lʲaγóna]
costas (dorso)	πλάτη (θηλ.)	[plʲáti]
região (f) lombar	οσφυική χώρα (θηλ.)	[osfikí xóra]
cintura (f)	οσφύς (θηλ.)	[osfís]

umbigo (m)	ομφαλός (αρ.)	[omfalʲós]
nádegas (f pl)	οπίσθια (ουδ.πλ.)	[opísθxa]
traseiro (m)	πισινός (αρ.)	[pisinós]

sinal (m), pinta (f)	ελιά (θηλ.)	[eliá]
sinal (m) de nascença	σημάδι εκ γενετής (ουδ.)	[simáði ek ĵenetís]
tatuagem (f)	τατουάζ (ουδ.)	[tatuáz]
cicatriz (f)	ουλή (θηλ.)	[ulí]

63. Doenças

doença (f)	αρρώστια (θηλ.)	[aróstia]
estar doente	είμαι άρρωστος	[íme árostos]
saúde (f)	υγεία (θηλ.)	[iĵía]
nariz (m) escorrendo	συνάχι (ουδ.)	[sináxi]

amigdalite (f)	αμυγδαλίτιδα (θηλ.)	[amiγδalítiδa]
resfriado (m)	κρυολόγημα (ουδ.)	[krioli̯ójima]
ficar resfriado	κρυολογώ	[krioli̯oγó]
bronquite (f)	βρογχίτιδα (θηλ.)	[vronxítiδa]
pneumonia (f)	πνευμονία (θηλ.)	[pnevmonía]
gripe (f)	γρίπη (θηλ.)	[γrípi]
míope (adj)	μύωπας	[míopas]
presbita (adj)	πρεσβύωπας	[prezvíopas]
estrabismo (m)	στραβισμός (αρ.)	[stravizmós]
estrábico, vesgo (adj)	αλλήθωρος	[alíθoros]
catarata (f)	καταρράκτης (αρ.)	[kataráktis]
glaucoma (m)	γλαύκωμα (ουδ.)	[γli̯áfkoma]
AVC (m), apoplexia (f)	αποπληξία (θηλ.)	[apopliksía]
ataque (m) cardíaco	έμφραγμα (ουδ.)	[émfraγma]
enfarte (m) do miocárdio	έμφραγμα του μυοκαρδίου (ουδ.)	[émfraγma tu miokarδíu]
paralisia (f)	παράλυση (θηλ.)	[parálisi]
paralisar (vt)	παραλύω	[paralío]
alergia (f)	αλλεργία (θηλ.)	[aleri̯ía]
asma (f)	άσθμα (ουδ.)	[ásθma]
diabetes (f)	διαβήτης (αρ.)	[δiavítis]
dor (f) de dente	πονόδοντος (αρ.)	[ponóδondos]
cárie (f)	τερηδόνα (θηλ.)	[teriδóna]
diarreia (f)	διάρροια (θηλ.)	[δiária]
prisão (f) de ventre	δυσκοιλιότητα (θηλ.)	[δiskiliótita]
desarranjo (m) intestinal	στομαχική διαταραχή (θηλ.)	[stomaxikí δiataraxí]
intoxicação (f) alimentar	τροφική δηλητηρίαση (θηλ.)	[trofikí δilitiríasi]
intoxicar-se	δηλητηριάζομαι	[δilitiriázome]
artrite (f)	αρθρίτιδα (θηλ.)	[arθrítiδa]
raquitismo (m)	ραχίτιδα (θηλ.)	[raxítiδa]
reumatismo (m)	ρευματισμοί (αρ.πλ.)	[revmatizmí]
arteriosclerose (f)	αθηροσκλήρωση (θηλ.)	[aθirosklírosi]
gastrite (f)	γαστρίτιδα (θηλ.)	[γastrítiδa]
apendicite (f)	σκωληκοειδίτιδα (θηλ.)	[skolikoiδítiδa]
colecistite (f)	χολοκυστίτιδα (θηλ.)	[xoli̯okistítiδa]
úlcera (f)	έλκος (ουδ.)	[éli̯kos]
sarampo (m)	ιλαρά (θηλ.)	[ili̯ará]
rubéola (f)	ερυθρά (θηλ.)	[eriθrá]
icterícia (f)	ίκτερος (αρ.)	[íkteros]
hepatite (f)	ηπατίτιδα (θηλ.)	[ipatítiδa]
esquizofrenia (f)	σχιζοφρένεια (θηλ.)	[sxizofrénia]
raiva (f)	λύσσα (θηλ.)	[lísa]
neurose (f)	νεύρωση (θηλ.)	[névrosi]
contusão (f) cerebral	διάσειση (θηλ.)	[δiásisi]
câncer (m)	καρκίνος (αρ.)	[karkínos]
esclerose (f)	σκλήρυνση (θηλ.)	[sklírinsi]

esclerose (f) múltipla	σκλήρυνση κατά πλάκας (θηλ.)	[sklírinsi kataplʲákas]
alcoolismo (m)	αλκοολισμός (αρ.)	[alʲkoolizmós]
alcoólico (m)	αλκοολικός (αρ.)	[alʲkoolikós]
sífilis (f)	σύφιλη (θηλ.)	[sífili]
AIDS (f)	AIDS (ουδ.)	[ejds]

tumor (m)	όγκος (αρ.)	[óngos]
maligno (adj)	κακοήθης	[kakoíθis]
benigno (adj)	καλοήθης	[kalʲoíθis]

febre (f)	πυρετός (αρ.)	[piretós]
malária (f)	ελονοσία (θηλ.)	[elʲonosía]
gangrena (f)	γάγγραινα (θηλ.)	[ɣángrena]
enjoo (m)	ναυτία (θηλ.)	[naftía]
epilepsia (f)	επιληψία (θηλ.)	[epilipsía]

epidemia (f)	επιδημία (θηλ.)	[epiðimía]
tifo (m)	τύφος (αρ.)	[tífos]
tuberculose (f)	φυματίωση (θηλ.)	[fimatíosi]
cólera (f)	χολέρα (θηλ.)	[xoléra]
peste (f) bubônica	πανούκλα (θηλ.)	[panúklʲa]

64. Sintomas. Tratamentos. Parte 1

sintoma (m)	σύμπτωμα (ουδ.)	[símptoma]
temperatura (f)	θερμοκρασία (θηλ.)	[θermokrasía]
febre (f)	υψηλή θερμοκρασία (θηλ.)	[ipsilí θermokrasía]
pulso (m)	παλμός (αρ.)	[palʲmós]

vertigem (f)	ίλιγγος (αρ.)	[ílingos]
quente (testa, etc.)	ζεστός	[zestós]
calafrio (m)	ρίγος (ουδ.)	[ríɣos]
pálido (adj)	χλομός	[xlʲomós]

tosse (f)	βήχας (αρ.)	[víxas]
tossir (vi)	βήχω	[víxo]
espirrar (vi)	φτερνίζομαι	[fternízome]
desmaio (m)	λιποθυμία (θηλ.)	[lipoθimía]
desmaiar (vi)	λιποθυμώ	[lipoθimó]

mancha (f) preta	μελανιά (θηλ.)	[melʲaniá]
galo (m)	καρούμπαλο (ουδ.)	[karúmbalʲo]
machucar-se (vr)	χτυπάω	[xtipáo]
contusão (f)	μώλωπας (αρ.)	[mólʲopas]
machucar-se (vr)	χτυπάω	[xtipáo]

mancar (vi)	κουτσαίνω	[kutséno]
deslocamento (f)	εξάρθρημα (ουδ.)	[eksárθrima]
deslocar (vt)	εξαρθρώνω	[eksaθróno]
fratura (f)	κάταγμα (ουδ.)	[kátaɣma]
fraturar (vt)	παθαίνω κάταγμα	[paθéno kátaɣma]
corte (m)	κόψιμο, σχίσιμο (ουδ.)	[kópsimo], [sxísimo]
cortar-se (vr)	κόβομαι	[kóvome]

hemorragia (f)	αιμορραγία (θηλ.)	[emorajía]
queimadura (f)	έγκαυμα (ουδ.)	[éngavma]
queimar-se (vr)	καίγομαι	[kéγome]

picar (vt)	τρυπώ	[tripó]
picar-se (vr)	τρυπώ	[tripó]
lesionar (vt)	τραυματίζω	[travmatízo]
lesão (m)	τραυματισμός (αρ.)	[travmatizmós]
ferida (f), ferimento (m)	πληγή (θηλ.)	[plijí]
trauma (m)	τραύμα (ουδ.)	[trávma]

delirar (vi)	παραμιλώ	[paramiljó]
gaguejar (vi)	τραυλίζω	[travlízo]
insolação (f)	ηλίαση (θηλ.)	[ilíasi]

65. Sintomas. Tratamentos. Parte 2

dor (f)	πόνος (αρ.)	[pónos]
farpa (no dedo, etc.)	ακίδα (θηλ.)	[akíða]

suor (m)	ιδρώτας (αρ.)	[iðrótas]
suar (vi)	ιδρώνω	[iðróno]
vômito (m)	εμετός (αρ.)	[emetós]
convulsões (f pl)	σπασμοί (αρ.πλ.)	[spazmí]

grávida (adj)	έγκυος	[éngios]
nascer (vi)	γεννιέμαι	[jeniéme]
parto (m)	γέννα (θηλ.)	[jéna]
dar à luz	γεννάω	[jenáo]
aborto (m)	έκτρωση (θηλ.)	[éktrosi]

respiração (f)	αναπνοή (θηλ.)	[anapnoí]
inspiração (f)	εισπνοή (θηλ.)	[ispnoí]
expiração (f)	εκπνοή (θηλ.)	[ekpnoí]
expirar (vi)	εκπνέω	[ekpnéo]
inspirar (vi)	εισπνέω	[ispnéo]

inválido (m)	ανάπηρος (αρ.)	[anápiros]
aleijado (m)	σακάτης (αρ.)	[sakátis]
drogado (m)	ναρκομανής (αρ.)	[narkomanís]

surdo (adj)	κουφός, κωφός	[kufós], [kofós]
mudo (adj)	μουγγός	[mungós]
surdo-mudo (adj)	κωφάλαλος	[kofáljaljos]

louco, insano (adj)	τρελός	[treljós]
louco (m)	τρελός (αρ.)	[treljós]
louca (f)	τρελή (θηλ.)	[trelí]
ficar louco	τρελαίνομαι	[trelénome]

gene (m)	γονίδιο (ουδ.)	[γoníðio]
imunidade (f)	ανοσία (θηλ.)	[anosía]
hereditário (adj)	κληρονομικός	[klironomikós]
congênito (adj)	συγγενής	[singenís]

vírus (m)	ιός (αρ.)	[jos]
micróbio (m)	μικρόβιο (ουδ.)	[mikróvio]
bactéria (f)	βακτήριο (ουδ.)	[vaktírio]
infecção (f)	μόλυνση (θηλ.)	[mólinsi]

66. Sintomas. Tratamentos. Parte 3

| hospital (m) | νοσοκομείο (ουδ.) | [nosokomío] |
| paciente (m) | ασθενής (αρ.) | [asθenís] |

diagnóstico (m)	διάγνωση (θηλ.)	[ðiáɣnosi]
cura (f)	θεραπεία (θηλ.)	[θerapía]
tratamento (m) médico	ιατρική περίθαλψη (θηλ.)	[jatrikí períθalipsi]
curar-se (vr)	θεραπεύομαι	[θerapévume]
tratar (vt)	περιποιούμαι	[peripiúme]
cuidar (pessoa)	φροντίζω	[frondízo]
cuidado (m)	φροντίδα (θηλ.)	[frondíða]

operação (f)	εγχείρηση (θηλ.)	[enxírisi]
enfaixar (vt)	επιδένω	[epiðéno]
enfaixamento (m)	επίδεση (θηλ.)	[epíðesi]

vacinação (f)	εμβόλιο (ουδ.)	[emvólio]
vacinar (vt)	εμβολιάζω	[emvoliázo]
injeção (f)	ένεση (θηλ.)	[énesi]
dar uma injeção	κάνω ένεση	[káno énesi]

amputação (f)	ακρωτηριασμός (αρ.)	[akrotiriazmós]
amputar (vt)	ακρωτηριάζω	[akrotiriázo]
coma (f)	κώμα (ουδ.)	[kóma]
estar em coma	βρίσκομαι σε κώμα	[vrískome se kóma]
reanimação (f)	εντατική (θηλ.)	[endatikí]

recuperar-se (vr)	αναρρώνω	[anaróno]
estado (~ de saúde)	κατάσταση (θηλ.)	[katástasi]
consciência (perder a ~)	αισθήσεις (θηλ.πλ.)	[esθísis]
memória (f)	μνήμη (θηλ.)	[mními]

tirar (vt)	βγάζω	[vɣázo]
obturação (f)	σφράγισμα (ουδ.)	[sfrájizma]
obturar (vt)	σφραγίζω	[sfrajízo]

| hipnose (f) | ύπνωση (θηλ.) | [ípnosi] |
| hipnotizar (vt) | υπνωτίζω | [ipnotízo] |

67. Medicina. Drogas. Acessórios

medicamento (m)	φάρμακο (ουδ.)	[fármako]
remédio (m)	θεραπεία (θηλ.)	[θerapía]
receitar (vt)	γράφω	[ɣráfo]
receita (f)	συνταγή (θηλ.)	[sindají]
comprimido (m)	χάπι (ουδ.)	[xápi]

unguento (m)	αλοιφή (θηλ.)	[alifí]
ampola (f)	αμπούλα (θηλ.)	[ambúl'a]
solução, preparado (m)	διάλυμα (ουδ.)	[ðiálima]
xarope (m)	σιρόπι (ουδ.)	[sirópi]
cápsula (f)	κάψουλα (θηλ.)	[kápsul'a]
pó (m)	σκόνη (θηλ.)	[skóni]
atadura (f)	επίδεσμος (αρ.)	[epíðezmos]
algodão (m)	χειρουργικό βαμβάκι (ουδ.)	[xirurjikó vamváki]
iodo (m)	ιώδιο (ουδ.)	[íóðio]
curativo (m) adesivo	τσιρότο (ουδ.)	[tsiróto]
conta-gotas (m)	σταγονόμετρο (ουδ.)	[staγonómetro]
termômetro (m)	θερμόμετρο (ουδ.)	[θermómetro]
seringa (f)	σύριγγα (θηλ.)	[síringa]
cadeira (f) de rodas	αναπηρικό καροτσάκι (ουδ.)	[anapirikó karotsáki]
muletas (f pl)	πατερίτσες (θηλ.πλ.)	[paterítses]
analgésico (m)	αναλγητικό (ουδ.)	[analjitikó]
laxante (m)	καθαρτικό (ουδ.)	[kaθartikó]
álcool (m)	οινόπνευμα (ουδ.)	[inópnevma]
ervas (f pl) medicinais	θεραπευτικά βότανα (ουδ.πλ.)	[θerapeftiká vótana]
de ervas (chá ~)	από βότανα	[apó vótana]

APARTAMENTO

68. Apartamento

apartamento (m)	διαμέρισμα (ουδ.)	[ðiamérizma]
quarto, cômodo (m)	δωμάτιο (ουδ.)	[ðomátio]
quarto (m) de dormir	υπνοδωμάτιο (ουδ.)	[ipnoðomátio]
sala (f) de jantar	τραπεζαρία (θηλ.)	[trapezaría]
sala (f) de estar	σαλόνι (ουδ.)	[salióni]
escritório (m)	γραφείο (ουδ.)	[γrafío]

sala (f) de entrada	χωλ (ουδ.)	[xoli]
banheiro (m)	μπάνιο (ουδ.)	[bánio]
lavabo (m)	τουαλέτα (θηλ.)	[tualéta]

teto (m)	ταβάνι (ουδ.)	[taváni]
chão, piso (m)	πάτωμα (ουδ.)	[pátoma]
canto (m)	γωνία (θηλ.)	[γonía]

69. Mobiliário. Interior

mobiliário (m)	έπιπλα (ουδ.πλ.)	[épiplia]
mesa (f)	τραπέζι (ουδ.)	[trapézi]
cadeira (f)	καρέκλα (θηλ.)	[karéklia]
cama (f)	κρεβάτι (ουδ.)	[kreváti]
sofá, divã (m)	καναπές (αρ.)	[kanapés]
poltrona (f)	πολυθρόνα (θηλ.)	[poliθróna]

estante (f)	βιβλιοθήκη (θηλ.)	[vivlioθíki]
prateleira (f)	ράφι (ουδ.)	[ráfi]

guarda-roupas (m)	ντουλάπα (θηλ.)	[duliápa]
cabide (m) de parede	κρεμάστρα (θηλ.)	[kremástra]
cabideiro (m) de pé	καλόγερος (αρ.)	[kaliójeros]

cômoda (f)	συρταριέρα (θηλ.)	[sirtariéra]
mesinha (f) de centro	τραπεζάκι (ουδ.)	[trapezáki]

espelho (m)	καθρέφτης (αρ.)	[kaθréftis]
tapete (m)	χαλί (ουδ.)	[xalí]
tapete (m) pequeno	χαλάκι (ουδ.)	[xaliáki]

lareira (f)	τζάκι (ουδ.)	[dzáki]
vela (f)	κερί (ουδ.)	[kerí]
castiçal (m)	κηροπήγιο (ουδ.)	[kiropíjo]

cortinas (f pl)	κουρτίνες (θηλ.πλ.)	[kurtínes]
papel (m) de parede	ταπετσαρία (θηλ.)	[tapetsaría]

persianas (f pl)	στόρια (ουδ.πλ.)	[stória]
luminária (f) de mesa	επιτραπέζιο φωτιστικό (ουδ.)	[epitrapézio fotistikó]
luminária (f) de parede	φωτιστικό τοίχου (ουδ.)	[fotistikó tíxu]
abajur (m) de pé	φωτιστικό δαπέδου (ουδ.)	[fotistikó ðapéðu]
lustre (m)	πολυέλαιος (αρ.)	[poliéleos]

pé (de mesa, etc.)	πόδι (ουδ.)	[póði]
braço, descanso (m)	μπράτσο (ουδ.)	[brátso]
costas (f pl)	πλάτη (θηλ.)	[pláti]
gaveta (f)	συρτάρι (ουδ.)	[sirtári]

70. Quarto de dormir

roupa (f) de cama	σεντόνια (ουδ.πλ.)	[sendónia]
travesseiro (m)	μαξιλάρι (ουδ.)	[maksiłári]
fronha (f)	μαξιλαροθήκη (θηλ.)	[maksiłaroθíki]
cobertor (m)	πάπλωμα (ουδ.)	[pápłoma]
lençol (m)	σεντόνι (ουδ.)	[sendóni]
colcha (f)	κουβερλί (ουδ.)	[kuverlí]

71. Cozinha

cozinha (f)	κουζίνα (θηλ.)	[kuzína]
gás (m)	γκάζι (ουδ.)	[gázi]
fogão (m) a gás	κουζίνα με γκάζι (θηλ.)	[kuzína me gázi]
fogão (m) elétrico	ηλεκτρική κουζίνα (θηλ.)	[ilektrikí kuzína]
forno (m)	φούρνος (αρ.)	[fúrnos]
forno (m) de micro-ondas	φούρνος μικροκυμάτων (αρ.)	[fúrnos mikrokimáton]

geladeira (f)	ψυγείο (ουδ.)	[psijío]
congelador (m)	καταψύκτης (αρ.)	[katapsíktis]
máquina (f) de lavar louça	πλυντήριο πιάτων (ουδ.)	[plindírio piáton]

moedor (m) de carne	κρεατομηχανή (θηλ.)	[kreatomixaní]
espremedor (m)	αποχυμωτής (αρ.)	[apoximotís]
torradeira (f)	φρυγανιέρα (θηλ.)	[friɣaniéra]
batedeira (f)	μίξερ (ουδ.)	[míkser]

máquina (f) de café	καφετιέρα (θηλ.)	[kafetiéra]
cafeteira (f)	καφετιέρα (θηλ.)	[kafetiéra]
moedor (m) de café	μύλος του καφέ (αρ.)	[mílos tu kafé]

chaleira (f)	βραστήρας (αρ.)	[vrastíras]
bule (m)	τσαγιέρα (θηλ.)	[tsajéra]
tampa (f)	καπάκι (ουδ.)	[kapáki]
coador (m) de chá	σουρωτήρι τσαγιού (ουδ.)	[surotíri tsajú]

colher (f)	κουτάλι (ουδ.)	[kutáli]
colher (f) de chá	κουταλάκι του γλυκού (ουδ.)	[kutałáki tu ɣlikú]
colher (f) de sopa	κουτάλι της σούπας (ουδ.)	[kutáli tis súpas]
garfo (m)	πιρούνι (ουδ.)	[pirúni]
faca (f)	μαχαίρι (ουδ.)	[maxéri]

louça (f)	επιτραπέζια σκεύη (ουδ.πλ.)	[epitrapézia skévi]
prato (m)	πιάτο (ουδ.)	[piáto]
pires (m)	πιατάκι (ουδ.)	[piatáki]

cálice (m)	σφηνοπότηρο (ουδ.)	[sfinopótiro]
copo (m)	ποτήρι (ουδ.)	[potíri]
xícara (f)	φλιτζάνι (ουδ.)	[flidzáni]

açucareiro (m)	ζαχαριέρα (θηλ.)	[zaxariéra]
saleiro (m)	αλατιέρα (θηλ.)	[alˈatiéra]
pimenteiro (m)	πιπεριέρα (θηλ.)	[piperiéra]
manteigueira (f)	βουτυριέρα (θηλ.)	[vutiriéra]

panela (f)	κατσαρόλα (θηλ.)	[katsarólˈa]
frigideira (f)	τηγάνι (ουδ.)	[tiɣáni]
concha (f)	κουτάλα (θηλ.)	[kutálˈa]
coador (m)	σουρωτήρι (ουδ.)	[surotíri]
bandeja (f)	δίσκος (αρ.)	[ðískos]

garrafa (f)	μπουκάλι (ουδ.)	[bukáli]
pote (m) de vidro	βάζο (ουδ.)	[vázo]
lata (~ de cerveja)	κουτί (ουδ.)	[kutí]

abridor (m) de garrafa	ανοιχτήρι (ουδ.)	[anixtíri]
abridor (m) de latas	ανοιχτήρι (ουδ.)	[anixtíri]
saca-rolhas (m)	τιρμπουσόν (ουδ.)	[tirbusón]
filtro (m)	φίλτρο (ουδ.)	[fílˈtro]
filtrar (vt)	φιλτράρω	[filˈtráro]

| lixo (m) | σκουπίδια (ουδ.πλ.) | [skupíðia] |
| lixeira (f) | κάδος υκουπιδιών (ηρ.) | [káðos skupiðión] |

72. Casa de banho

banheiro (m)	μπάνιο (ουδ.)	[bánio]
água (f)	νερό (ουδ.)	[neró]
torneira (f)	βρύση (θηλ.)	[vrísi]
água (f) quente	ζεστό νερό (ουδ.)	[zestó neró]
água (f) fria	κρύο νερό (ουδ.)	[krío neró]

| pasta (f) de dente | οδοντόκρεμα (θηλ.) | [oðondókrema] |
| escovar os dentes | πλένω τα δόντια | [pléno ta ðóndia] |

barbear-se (vr)	ξυρίζομαι	[ksirízome]
espuma (f) de barbear	αφρός ξυρίσματος (αρ.)	[afrós ksirízmatos]
gilete (f)	ξυράφι (ουδ.)	[ksiráfi]

lavar (vt)	πλένω	[pléno]
tomar banho	πλένομαι	[plénome]
chuveiro (m), ducha (f)	ντουζ (ουδ.)	[duz]
tomar uma ducha	κάνω ντουζ	[káno duz]

| banheira (f) | μπανιέρα (θηλ.) | [baniéra] |
| vaso (m) sanitário | λεκάνη (θηλ.) | [lekáni] |

pia (f)	νιπτήρας (αρ.)	[niptíras]
sabonete (m)	σαπούνι (ουδ.)	[sapúni]
saboneteira (f)	σαπουνοθήκη (θηλ.)	[sapunoθíki]

esponja (f)	σφουγγάρι (ουδ.)	[sfungári]
xampu (m)	σαμπουάν (ουδ.)	[sambuán]
toalha (f)	πετσέτα (θηλ.)	[petséta]
roupão (m) de banho	μπουρνούζι (ουδ.)	[burnúzi]

lavagem (f)	μπουγάδα (θηλ.)	[buγáða]
lavadora (f) de roupas	πλυντήριο ρούχων (ουδ.)	[plindírio rúxon]
lavar a roupa	πλένω τα σεντόνια	[pléno ta sendónia]
detergente (m)	απορρυπαντικό (ουδ.)	[aporipandikó]

73. Eletrodomésticos

televisor (m)	τηλεόραση (θηλ.)	[tileórasi]
gravador (m)	κασετόφωνο (ουδ.)	[kasetófono]
videogravador (m)	συσκευή βίντεο (θηλ.)	[siskeví vídeo]
rádio (m)	ραδιόφωνο (ουδ.)	[raðiófono]
leitor (m)	πλέιερ (ουδ.)	[pléjer]

projetor (m)	βιντεοπροβολέας (αρ.)	[videoprovoléas]
cinema (m) em casa	οικιακός κινηματογράφος (αρ.)	[ikiakós kinimatoγráfos]
DVD Player (m)	συσκευή DVD (θηλ.)	[siskeví dividí]
amplificador (m)	ενισχυτής (αρ.)	[enisxitís]
console (f) de jogos	κονσόλα παιχνιδιών (θηλ.)	[konsól'a pexniðion]

câmera (f) de vídeo	βιντεοκάμερα (θηλ.)	[videokámera]
máquina (f) fotográfica	φωτογραφική μηχανή (θηλ.)	[fotoγrafikí mixaní]
câmera (f) digital	ψηφιακή φωτογραφική μηχανή (θηλ.)	[psifiakí fotoγrafikí mixaní]

aspirador (m)	ηλεκτρική σκούπα (θηλ.)	[ilektrikí skúpa]
ferro (m) de passar	σίδερο (ουδ.)	[síðero]
tábua (f) de passar	σιδερώστρα (θηλ.)	[siðeróstra]

telefone (m)	τηλέφωνο (ουδ.)	[tiléfono]
celular (m)	κινητό τηλέφωνο (ουδ.)	[kinitó tiléfono]
máquina (f) de escrever	γραφομηχανή (θηλ.)	[γrafomixaní]
máquina (f) de costura	ραπτομηχανή (θηλ.)	[raptomixaní]

microfone (m)	μικρόφωνο (ουδ.)	[mikrófono]
fone (m) de ouvido	ακουστικά (ουδ.πλ.)	[akustiká]
controle remoto (m)	τηλεχειριστήριο (ουδ.)	[tilexiristírio]

CD (m)	συμπαγής δίσκος (αρ.)	[simpajís ðískos]
fita (f) cassete	κασέτα (θηλ.)	[kaséta]
disco (m) de vinil	δίσκος βινυλίου (αρ.)	[ðískos vinilíu]

A TERRA. TEMPO

74. Espaço sideral

espaço, cosmo (m)	διάστημα (ουδ.)	[ðiástima]
espacial, cósmico (adj)	διαστημικός	[ðiastimikós]
espaço (m) cósmico	απώτερο διάστημα (ουδ.)	[apótero ðiástima]
mundo, universo (m)	σύμπαν (ουδ.)	[símban]
galáxia (f)	γαλαξίας (αρ.)	[ɣaliaksías]
estrela (f)	αστέρας (αρ.)	[astéras]
constelação (f)	αστερισμός (αρ.)	[asterizmós]
planeta (m)	πλανήτης (αρ.)	[plianítis]
satélite (m)	δορυφόρος (αρ.)	[ðorifóros]
meteorito (m)	μετεωρίτης (αρ.)	[meteorítis]
cometa (m)	κομήτης (αρ.)	[komítis]
asteroide (m)	αστεροειδής (αρ.)	[asteroiðís]
órbita (f)	τροχιά (θηλ.)	[troxiá]
girar (vi)	περιστρέφομαι	[peristréfome]
atmosfera (f)	ατμόσφαιρα (θηλ.)	[atmósfera]
Sol (m)	Ήλιος (αρ.)	[ílios]
Sistema (m) Solar	ηλιακό σύστημα (ουδ.)	[iliakó sístimaj]
eclipse (m) solar	έκλειψη ηλίου (θηλ.)	[éklipsi ilíu]
Terra (f)	Γη (θηλ.)	[ji]
Lua (f)	Σελήνη (θηλ.)	[selíni]
Marte (m)	Άρης (αρ.)	[áris]
Vênus (f)	Αφροδίτη (θηλ.)	[afroðíti]
Júpiter (m)	Δίας (αρ.)	[ðías]
Saturno (m)	Κρόνος (αρ.)	[krónos]
Mercúrio (m)	Ερμής (αρ.)	[ermís]
Urano (m)	Ουρανός (αρ.)	[uranós]
Netuno (m)	Ποσειδώνας (αρ.)	[posiðónas]
Plutão (m)	Πλούτωνας (αρ.)	[pliútonas]
Via Láctea (f)	Γαλαξίας (αρ.)	[ɣaliaksías]
Ursa Maior (f)	Μεγάλη Άρκτος (θηλ.)	[meɣáli árktos]
Estrela Polar (f)	Πολικός Αστέρας (αρ.)	[polikós astéras]
marciano (m)	Αρειανός (αρ.)	[arianós]
extraterrestre (m)	εξωγήινος (αρ.)	[eksojíinos]
alienígena (m)	εξωγήινος (αρ.)	[eksojíinos]
disco (m) voador	ιπτάμενος δίσκος (αρ.)	[iptámenos ðískos]
espaçonave (f)	διαστημόπλοιο (ουδ.)	[ðiastimóplio]

75

estação (f) orbital	διαστημικός σταθμός (αρ.)	[ðiastimikós staθmós]
lançamento (m)	εκτόξευση (θηλ.)	[ektóksefsi]

motor (m)	κινητήρας (αρ.)	[kinitíras]
bocal (m)	ακροφύσιο (ουδ.)	[akrofísio]
combustível (m)	καύσιμο (ουδ.)	[káfsimo]

cabine (f)	πιλοτήριο (ουδ.)	[piljotírio]
antena (f)	κεραία (θηλ.)	[keréa]
vigia (f)	φινιστρίνι (ουδ.)	[finistríni]
bateria (f) solar	ηλιακός συλλέκτης (αρ.)	[iliakós siléktis]
traje (m) espacial	στολή αστροναύτη (θηλ.)	[stolí astronáfti]

imponderabilidade (f)	έλλειψη βαρύτητας (θηλ.)	[élipsi varítitas]
oxigênio (m)	οξυγόνο (ουδ.)	[oksiγóno]
acoplagem (f)	πρόσδεση (θηλ.)	[prózðesi]
fazer uma acoplagem	προσδένω	[prozðéno]

observatório (m)	αστεροσκοπείο (ουδ.)	[asteroskopío]
telescópio (m)	τηλεσκόπιο (ουδ.)	[tileskópio]
observar (vt)	παρατηρώ	[paratiró]
explorar (vt)	ερευνώ	[erevnó]

75. A Terra

Terra (f)	Γη (θηλ.)	[ji]
globo terrestre (Terra)	υδρόγειος (θηλ.)	[iðrójios]
planeta (m)	πλανήτης (αρ.)	[pljanítis]

atmosfera (f)	ατμόσφαιρα (θηλ.)	[atmósfera]
geografia (f)	γεωγραφία (θηλ.)	[jeoγrafía]
natureza (f)	φύση (θηλ.)	[físi]

globo (mapa esférico)	υδρόγειος (θηλ.)	[iðrójios]
mapa (m)	χάρτης (αρ.)	[xártis]
atlas (m)	άτλας (αρ.)	[átljas]

Europa (f)	Ευρώπη (θηλ.)	[evrópi]
Ásia (f)	Ασία (θηλ.)	[asía]
África (f)	Αφρική (θηλ.)	[afrikí]
Austrália (f)	Αυστραλία (θηλ.)	[afstralía]

América (f)	Αμερική (θηλ.)	[amerikí]
América (f) do Norte	Βόρεια Αμερική (θηλ.)	[vória amerikí]
América (f) do Sul	Νότια Αμερική (θηλ.)	[nótia amerikí]
Antártida (f)	Ανταρκτική (θηλ.)	[andarktikí]
Ártico (m)	Αρκτική (θηλ.)	[arktikí]

76. Pontos cardeais

norte (m)	βορράς (αρ.)	[vorás]
para norte	προς το βορρά	[pros to vorá]

no norte	στο βορρά	[sto vorá]
do norte (adj)	βόρειος	[vórios]
sul (m)	νότος (αρ.)	[nótos]
para sul	προς το νότο	[pros to nóto]
no sul	στο νότο	[sto nóto]
do sul (adj)	νότιος	[nótios]
oeste, ocidente (m)	δύση (θηλ.)	[ðísi]
para oeste	προς τη δύση	[pros ti ðísi]
no oeste	στη δύση	[sti ðísi]
ocidental (adj)	δυτικός	[ðitikós]
leste, oriente (m)	ανατολή (θηλ.)	[anatolí]
para leste	προς την ανατολή	[pros tin anatolí]
no leste	στην ανατολή	[stin anatolí]
oriental (adj)	ανατολικός	[anatolikós]

77. Mar. Oceano

mar (m)	θάλασσα (θηλ.)	[θálʲasa]
oceano (m)	ωκεανός (αρ.)	[okeanós]
golfo (m)	κόλπος (αρ.)	[kólʲpos]
estreito (m)	πορθμός (αρ.)	[porθmós]
continente (m)	ήπειρος (θηλ.)	[íperos]
ilha (f)	νησί (ουδ.)	[nisí]
península (f)	χερσόνησος (θηλ.)	[xersónisos]
arquipélago (m)	αρχιπέλαγος (ουδ.)	[arxipélʲaɣos]
baía (f)	κόλπος (αρ.)	[kólʲpos]
porto (m)	λιμάνι (ουδ.)	[limáni]
lagoa (f)	λιμνοθάλασσα (θηλ.)	[limnoθálʲasa]
cabo (m)	ακρωτήρι (ουδ.)	[akrotíri]
atol (m)	ατόλη (θηλ.)	[atóli]
recife (m)	ύφαλος (αρ.)	[ífalʲos]
coral (m)	κοράλλι (ουδ.)	[koráli]
recife (m) de coral	κοραλλιογενής ύφαλος (αρ.)	[koraliojenís ifalʲos]
profundo (adj)	βαθύς	[vaθís]
profundidade (f)	βάθος (ουδ.)	[váθos]
abismo (m)	άβυσσος (θηλ.)	[ávisos]
fossa (f) oceânica	τάφρος (θηλ.)	[táfros]
corrente (f)	ρεύμα (ουδ.)	[révma]
banhar (vt)	περιβρέχω	[perivréxo]
litoral (m)	παραλία (θηλ.)	[paralía]
costa (f)	ακτή (θηλ.)	[aktí]
maré (f) alta	πλημμυρίδα (θηλ.)	[plimiríða]
refluxo (m)	παλίρροια (θηλ.)	[palíria]
restinga (f)	ρηχά (ουδ.πλ.)	[rixá]

fundo (m)	πάτος (αρ.)	[pátos]
onda (f)	κύμα (ουδ.)	[kíma]
crista (f) da onda	κορυφή (θηλ.)	[korifí]
espuma (f)	αφρός (αρ.)	[afrós]

tempestade (f)	καταιγίδα (θηλ.)	[katejíða]
furacão (m)	τυφώνας (αρ.)	[tifónas]
tsunami (m)	τσουνάμι (ουδ.)	[tsunámi]
calmaria (f)	νηνεμία (θηλ.)	[ninemía]
calmo (adj)	ήσυχος	[ísixos]

polo (m)	πόλος (αρ.)	[pólʲos]
polar (adj)	πολικός	[polikós]

latitude (f)	γεωγραφικό πλάτος (ουδ.)	[jeoɣrafikó plʲátos]
longitude (f)	μήκος (ουδ.)	[míkos]
paralela (f)	παράλληλος (αρ.)	[parálilʲos]
equador (m)	ισημερινός (αρ.)	[isimerinós]

céu (m)	ουρανός (αρ.)	[uranós]
horizonte (m)	ορίζοντας (αρ.)	[orízondas]
ar (m)	αέρας (αρ.)	[aéras]

farol (m)	φάρος (αρ.)	[fáros]
mergulhar (vi)	βουτάω	[vutáo]
afundar-se (vr)	βυθίζομαι	[viθízome]
tesouros (m pl)	θησαυροί (αρ.πλ.)	[θisavrí]

78. Nomes de Mares e Oceanos

Oceano (m) Atlântico	Ατλαντικός Ωκεανός (αρ.)	[atlʲandikós okeanós]
Oceano (m) Índico	Ινδικός Ωκεανός (αρ.)	[inðikós okeanós]
Oceano (m) Pacífico	Ειρηνικός Ωκεανός (αρ.)	[irinikós okeanós]
Oceano (m) Ártico	Αρκτικός Ωκεανός (αρ.)	[arktikós okeanós]

Mar (m) Negro	Μαύρη Θάλασσα (θηλ.)	[mávri θálʲasa]
Mar (m) Vermelho	Ερυθρά Θάλασσα (θηλ.)	[eriθrá θálʲasa]
Mar (m) Amarelo	Κίτρινη Θάλασσα (θηλ.)	[kítrini θálʲasa]
Mar (m) Branco	Λευκή Θάλασσα (θηλ.)	[lefkí θálʲasa]

Mar (m) Cáspio	Κασπία Θάλασσα (θηλ.)	[kaspía θálʲasa]
Mar (m) Morto	Νεκρά Θάλασσα (θηλ.)	[nekrá θalʲasa]
Mar (m) Mediterrâneo	Μεσόγειος Θάλασσα (θηλ.)	[mesójios θálʲasa]

Mar (m) Egeu	Αιγαίο (ουδ.)	[ejéo]
Mar (m) Adriático	Αδριατική (θηλ.)	[aðriatikí]

Mar (m) Arábico	Αραβική Θάλασσα (θηλ.)	[aravikí θálʲasa]
Mar (m) do Japão	Ιαπωνική Θάλασσα (θηλ.)	[japonikí θálʲasa]
Mar (m) de Bering	Βερίγγειος Θάλασσα (θηλ.)	[veríngios θálʲasa]
Mar (m) da China Meridional	Νότια Κινέζικη Θάλασσα (θηλ.)	[nótia kinéziki θálʲasa]
Mar (m) de Coral	Θάλασσα των Κοραλλίων (θηλ.)	[θálʲasa tonkoralíon]

| Mar (m) de Tasman | Θάλασσα της Τασμανίας (θηλ.) | [θál'asa tis tazmanías] |
| Mar (m) do Caribe | Καραϊβική θάλασσα (θηλ.) | [karaivikí θál'asa] |

| Mar (m) de Barents | Θάλασσα Μπάρεντς (θηλ.) | [θal'asa bárents] |
| Mar (m) de Kara | Θάλασσα του Κάρα (θηλ.) | [θal'asa tu kára] |

Mar (m) do Norte	Βόρεια Θάλασσα (θηλ.)	[vória θál'asa]
Mar (m) Báltico	Βαλτική Θάλασσα (θηλ.)	[val'tikí θál'asa]
Mar (m) da Noruega	Νορβηγική Θάλασσα (θηλ.)	[norvijikí θál'asa]

79. Montanhas

montanha (f)	βουνό (ουδ.)	[vunó]
cordilheira (f)	οροσειρά (θηλ.)	[orosirá]
serra (f)	κορυφογραμμή (θηλ.)	[korifoɣramí]

cume (m)	κορυφή (θηλ.)	[korifí]
pico (m)	κορυφή (θηλ.)	[korifí]
pé (m)	πρόποδες (αρ.πλ.)	[própoðes]
declive (m)	πλαγιά (θηλ.)	[pl'ajá]

vulcão (m)	ηφαίστειο (ουδ.)	[iféstio]
vulcão (m) ativo	ενεργό ηφαίστειο (ουδ.)	[enerɣó iféstio]
vulcão (m) extinto	σβησμένο ηφαίστειο (ουδ.)	[svizméno iféstio]

erupção (f)	έκρηξη (θηλ.)	[ékriksi]
cratera (f)	κρατήρας (αρ)	[kratíras]
magma (m)	μάγμα (ουδ.)	[máɣma]
lava (f)	λάβα (θηλ.)	[l'áva]
fundido (lava ~a)	πυρακτωμένος	[piraktoménos]
cânion, desfiladeiro (m)	φαράγγι (ουδ.)	[farángi]
garganta (f)	φαράγγι (ουδ.)	[farángi]
fenda (f)	ρωγμή (θηλ.)	[roɣmí]

passo, colo (m)	διάσελο (ουδ.)	[ðiásel'o]
planalto (m)	οροπέδιο (ουδ.)	[oropéðio]
falésia (f)	γκρεμός (αρ.)	[gremós]
colina (f)	λόφος (αρ.)	[l'ófos]

geleira (f)	παγετώνας (αρ.)	[pajetónas]
cachoeira (f)	καταρράκτης (αρ.)	[kataráktis]
gêiser (m)	θερμοπίδακας (αρ.)	[θermopíðakas]
lago (m)	λίμνη (θηλ.)	[límni]

planície (f)	πεδιάδα (θηλ.)	[peðiáða]
paisagem (f)	τοπίο (ουδ.)	[topío]
eco (m)	ηχώ (θηλ.)	[ixó]

alpinista (m)	ορειβάτης (αρ.)	[orivátis]
escalador (m)	ορειβάτης (αρ.)	[orivátis]
conquistar (vt)	κατακτώ	[kataktó]
subida, escalada (f)	ανάβαση (θηλ.)	[anávasi]

80. Nomes de montanhas

Alpes (m pl)	Άλπεις (θηλ.πλ.)	[ál⊓pis]
Monte Branco (m)	Λευκό Όρος (ουδ.)	[lefkó oros]
Pirineus (m pl)	Πυρηναία (ουδ.πλ.)	[pirinéa]

Cárpatos (m pl)	Καρπάθια Όρη (ουδ.πλ.)	[karpáθxa óri]
Urais (m pl)	Ουράλια (ουδ.πλ.)	[urália]
Cáucaso (m)	Καύκασος (αρ.)	[káfkasos]
Elbrus (m)	Ελμπρούς (ουδ.)	[el⊓brús]

Altai (m)	όρη Αλτάι (ουδ.πλ.)	[óri al⊓táj]
Pamir (m)	Παμίρ (ουδ.)	[pamír]
Himalaia (m)	Ιμαλάια (ουδ.πλ.)	[imal⊓ája]
monte Everest (m)	Έβερεστ (ουδ.)	[éverest]

Cordilheira (f) dos Andes	Άνδεις (θηλ.πλ.)	[ánδis]
Kilimanjaro (m)	Κιλιμαντζάρο (ουδ.)	[kilimandzáro]

81. Rios

rio (m)	ποταμός (αρ.)	[potamós]
fonte, nascente (f)	πηγή (θηλ.)	[pijí]
leito (m) de rio	κοίτη (θηλ.)	[kíti]
bacia (f)	λεκάνη (θηλ.)	[lekáni]
desaguar no ...	εκβάλλω στο ...	[ekvál⊓o sto]

afluente (m)	παραπόταμος (αρ.)	[parapótamos]
margem (do rio)	ακτή (θηλ.)	[aktí]

corrente (f)	ρεύμα (ουδ.)	[révma]
rio abaixo	στη φορά του ρεύματος	[sti forá tu révmatos]
rio acima	κόντρα στο ρεύμα	[kóndra sto révma]

inundação (f)	πλημμύρα (θηλ.)	[plimíra]
cheia (f)	ξεχείλισμα (ουδ.)	[ksexílizma]
transbordar (vi)	πλημμυρίζω	[plimirízo]
inundar (vt)	πλημμυρίζω	[plimirízo]

banco (m) de areia	ρηχά (ουδ.πλ.)	[rixá]
corredeira (f)	ορμητικό ρεύμα (ουδ.)	[ormitikó révma]

barragem (f)	φράγμα (ουδ.)	[fráɣma]
canal (m)	κανάλι (ουδ.)	[kanáli]
reservatório (m) de água	ταμιευτήρας (αρ.)	[tamieftíras]
eclusa (f)	θυρόφραγμα (ουδ.)	[θirófraɣma]

corpo (m) de água	νερόλακκος (αρ.)	[neról⊓akos]
pântano (m)	έλος (ουδ.)	[él⊓os]
lamaçal (m)	βάλτος (αρ.)	[vál⊓tos]
redemoinho (m)	δίνη (θηλ.)	[δíni]
riacho (m)	ρυάκι (ουδ.)	[riáki]
potável (adj)	πόσιμο	[pósimo]

doce (água)	γλυκό (αρ.)	[ɣlikó]
gelo (m)	πάγος (αρ.)	[páɣos]
congelar-se (vr)	παγώνω	[paɣóno]

82. Nomes de rios

| rio Sena (m) | Σηκουάνας (αρ.) | [sikuánas] |
| rio Loire (m) | Λίγηρας (αρ.) | [líjiras] |

rio Tâmisa (m)	Τάμεσης (αρ.)	[támesis]
rio Reno (m)	Ρήνος (αρ.)	[rínos]
rio Danúbio (m)	Δούναβης (αρ.)	[ðúnavis]

rio Volga (m)	Βόλγας (αρ.)	[vólʲɣas]
rio Don (m)	Ντον (αρ.)	[don]
rio Lena (m)	Λένας (αρ.)	[lénas]

rio Amarelo (m)	Κίτρινος Ποταμός (αρ.)	[kítrinos potamós]
rio Yangtzé (m)	Γιανγκτσέ (αρ.)	[jangtsé]
rio Mekong (m)	Μεκόνγκ (αρ.)	[mekóng]
rio Ganges (m)	Γάγγης (αρ.)	[ɣángis]

rio Nilo (m)	Νείλος (αρ.)	[nílʲos]
rio Congo (m)	Κονγκό (αρ.)	[kongó]
rio Cubango (m)	Οκαβάνγκο (αρ.)	[okavángo]
rio Zambeze (m)	Ζαμβέζης (αρ.)	[zamvézis]
rio Limpopo (m)	Λιμπόπο (αρ.)	[limbópo]
rio Mississippi (m)	Μισισιπής (αρ.)	[misisipís]

83. Floresta

| floresta (f), bosque (m) | δάσος (ουδ.) | [ðásos] |
| florestal (adj) | του δάσους | [tu ðásus] |

mata (f) fechada	πυκνό δάσος (ουδ.)	[piknó ðásos]
arvoredo (m)	άλσος (ουδ.)	[álʲsos]
clareira (f)	ξέφωτο (ουδ.)	[kséfoto]

| matagal (m) | λόχμη (θηλ.) | [lʲóxmi] |
| mato (m), caatinga (f) | θαμνότοπος (αρ.) | [θamnótopos] |

| pequena trilha (f) | μονοπάτι (ουδ.) | [monopáti] |
| ravina (f) | χαράδρα (θηλ.) | [xaráðra] |

árvore (f)	δέντρο (ουδ.)	[ðéndro]
folha (f)	φύλλο (ουδ.)	[fílʲo]
folhagem (f)	φύλλωμα (ουδ.)	[fílʲoma]

queda (f) das folhas	φυλλοβολία (θηλ.)	[filʲovolía]
cair (vi)	πέφτω	[péfto]
topo (m)	κορυφή (θηλ.)	[korifí]
ramo (m)	κλαδί (ουδ.)	[klaðí]

galho (m)	μεγάλο κλαδί (ουδ.)	[meγál'o kl'aðí]
botão (m)	μπουμπούκι (ουδ.)	[bubúki]
agulha (f)	βελόνα (θηλ.)	[vel'óna]
pinha (f)	κουκουνάρι (ουδ.)	[kukunári]

buraco (m) de árvore	φωλιά στο δέντρο (θηλ.)	[foliá sto ðéndro]
ninho (m)	φωλιά (θηλ.)	[foliá]
toca (f)	φωλιά (θηλ.), λαγούμι (ουδ.)	[foliá], [l'aγúmi]

tronco (m)	κορμός (αρ.)	[kormós]
raiz (f)	ρίζα (θηλ.)	[ríza]
casca (f) de árvore	φλοιός (αρ.)	[fliós]
musgo (m)	βρύο (ουδ.)	[vrío]

arrancar pela raiz	ξεριζώνω	[kserizóno]
cortar (vt)	κόβω	[kóvo]
desflorestar (vt)	αποψιλώνω	[apopsil'óno]
toco, cepo (m)	κομμένος κορμός (αρ.)	[koménos kormós]

fogueira (f)	φωτιά (θηλ.)	[fotiá]
incêndio (m) florestal	πυρκαγιά (θηλ.)	[pirkajá]
apagar (vt)	σβήνω	[zvíno]

guarda-parque (m)	δασοφύλακας (αρ.)	[ðasofíl'akas]
proteção (f)	προστασία (θηλ.)	[prostasía]
proteger (a natureza)	προστατεύω	[prostatévo]
caçador (m) furtivo	λαθροθήρας (αρ.)	[l'aθroθíras]
armadilha (f)	δόκανο (ουδ.)	[ðókano]

colher (cogumelos, bagas)	μαζεύω	[mazévo]
perder-se (vr)	χάνομαι	[xánome]

84. Recursos naturais

recursos (m pl) naturais	φυσικοί πόροι (αρ.πλ.)	[fisikí póri]
minerais (m pl)	ορυκτά (ουδ.πλ.)	[oriktá]
depósitos (m pl)	κοιτάσματα (ουδ.πλ.)	[kitázmata]
jazida (f)	κοίτασμα (ουδ.)	[kítazma]

extrair (vt)	εξορύσσω	[eksoríso]
extração (f)	εξόρυξη (θηλ.)	[eksóriksi]
minério (m)	μετάλλευμα (ουδ.)	[metálevma]
mina (f)	μεταλλείο, ορυχείο (ουδ.)	[metalío], [orixío]
poço (m) de mina	φρεάτιο ορυχείου (ουδ.)	[freátio orixíu]
mineiro (m)	ανθρακωρύχος (αρ.)	[anθrakoríxos]

gás (m)	αέριο (ουδ.)	[aério]
gasoduto (m)	αγωγός αερίου (αρ.)	[aγoγós aeríu]

petróleo (m)	πετρέλαιο (ουδ.)	[petréleo]
oleoduto (m)	πετρελαιαγωγός (αρ.)	[petreleaγoγós]
poço (m) de petróleo	πετρελαιοπηγή (θηλ.)	[petreleopijí]
torre (f) petrolífera	πύργος διατρήσεων (αρ.)	[pírγos ðiatríseon]
petroleiro (m)	τάνκερ (ουδ.)	[tánker]

areia (f)	άμμος (θηλ.)	[ámos]
calcário (m)	ασβεστόλιθος (αρ.)	[asvestóliθos]
cascalho (m)	χαλίκι (ουδ.)	[xalíki]
turfa (f)	τύρφη (θηλ.)	[tírfi]
argila (f)	πηλός (αρ.)	[piʎós]
carvão (m)	γαιάνθρακας (αρ.)	[ɣeánθrakas]

ferro (m)	σιδηρομετάλλευμα (ουδ.)	[siðirometálevma]
ouro (m)	χρυσάφι (ουδ.)	[xrisáfi]
prata (f)	ασήμι (ουδ.)	[asími]
níquel (m)	νικέλιο (ουδ.)	[nikélio]
cobre (m)	χαλκός (αρ.)	[xaʎkós]

zinco (m)	ψευδάργυρος (αρ.)	[psevðárʝiros]
manganês (m)	μαγγάνιο (ουδ.)	[mangánio]
mercúrio (m)	υδράργυρος (αρ.)	[iðrárʝiros]
chumbo (m)	μόλυβδος (αρ.)	[mólivðos]

mineral (m)	ορυκτό (ουδ.)	[oriktó]
cristal (m)	κρύσταλλος (αρ.)	[krístaʎos]
mármore (m)	μάρμαρο (ουδ.)	[mármaro]
urânio (m)	ουράνιο (ουδ.)	[uránio]

85. Tempo

tempo (m)	καιρός (αρ.)	[kerós]
previsão (f) do tempo	πρόγνωση καιρού (θηλ.)	[próɣnosi kerú]
temperatura (f)	θερμοκρασία (θηλ.)	[θermokrasía]
termômetro (m)	θερμόμετρο (ουδ.)	[θermómetro]
barômetro (m)	βαρόμετρο (ουδ.)	[varómetro]

umidade (f)	υγρασία (θηλ.)	[iɣrasía]
calor (m)	ζέστη (θηλ.)	[zésti]
tórrido (adj)	ζεστός, καυτός	[zestós], [kaftós]
está muito calor	κάνει ζέστη	[káni zésti]

está calor	κάνει ζέστη	[káni zésti]
quente (morno)	ζεστός	[zestós]

está frio	κάνει κρύο	[káni krío]
frio (adj)	κρύος	[kríos]

sol (m)	ήλιος (αρ.)	[ílios]
brilhar (vi)	λάμπω	[ʎámbo]
de sol, ensolarado	ηλιόλουστος	[ilióʎustos]
nascer (vi)	ανατέλλω	[anatéʎo]
pôr-se (vr)	δύω	[ðío]

nuvem (f)	σύννεφο (ουδ.)	[sínefo]
nublado (adj)	συννεφιασμένος	[sinefiazménos]
nuvem (f) preta	μαύρο σύννεφο (ουδ.)	[mávro sínefo]
escuro, cinzento (adj)	συννεφιασμένος	[sinefiazménos]
chuva (f)	βροχή (θηλ.)	[vroxí]
está a chover	βρέχει	[vréxi]

chuvoso (adj)	βροχερός	[vroxerós]
chuviscar (vi)	ψιχαλίζει	[psixalízi]

chuva (f) torrencial	δυνατή βροχή (θηλ.)	[ðinatí vroxí]
aguaceiro (m)	νεροποντή (θηλ.)	[neropondí]
forte (chuva, etc.)	δυνατός	[ðinatós]
poça (f)	λακκούβα (θηλ.)	[lʲakúva]
molhar-se (vr)	βρέχομαι	[vréxome]

nevoeiro (m)	ομίχλη (θηλ.)	[omíxli]
de nevoeiro	ομιχλώδης	[omixlʲóðis]
neve (f)	χιόνι (ουδ.)	[xóni]
está nevando	χιονίζει	[xonízi]

86. Tempo extremo. Catástrofes naturais

trovoada (f)	καταιγίδα (θηλ.)	[katejíða]
relâmpago (m)	αστραπή (θηλ.)	[astrapí]
relampejar (vi)	αστράπτω	[astrápto]

trovão (m)	βροντή (θηλ.)	[vrondí]
trovejar (vi)	βροντάω	[vrondáo]
está trovejando	βροντάει	[vrondái]

granizo (m)	χαλάζι (ουδ.)	[xalʲázi]
está caindo granizo	ρίχνει χαλάζι	[ríxni xalʲázi]

inundar (vt)	πλημμυρίζω	[plimirízo]
inundação (f)	πλημμύρα (θηλ.)	[plimíra]

terremoto (m)	σεισμός (αρ.)	[sizmós]
abalo, tremor (m)	δόνηση (θηλ.)	[ðónisi]
epicentro (m)	επίκεντρο (ουδ.)	[epíkendro]
erupção (f)	έκρηξη (θηλ.)	[ékriksi]
lava (f)	λάβα (θηλ.)	[lʲáva]

tornado (m)	ανεμοστρόβιλος (αρ.)	[anemostróvilʲos]
tornado (m)	σίφουνας (αρ.)	[sífunas]
tufão (m)	τυφώνας (αρ.)	[tifónas]

furacão (m)	τυφώνας (αρ.)	[tifónas]
tempestade (f)	καταιγίδα (θηλ.)	[katejíða]
tsunami (m)	τσουνάμι (ουδ.)	[tsunámi]

ciclone (m)	κυκλώνας (αρ.)	[kiklʲónas]
mau tempo (m)	κακοκαιρία (θηλ.)	[kakokería]
incêndio (m)	φωτιά, πυρκαγιά (θηλ.)	[fotiá], [pirkajá]
catástrofe (f)	καταστροφή (θηλ.)	[katastrofí]
meteorito (m)	μετεωρίτης (αρ.)	[meteorítis]

avalanche (f)	χιονοστιβάδα (θηλ.)	[xonostiváða]
deslizamento (m) de neve	χιονοστιβάδα (θηλ.)	[xonostiváða]
nevasca (f)	χιονοθύελλα (θηλ.)	[xonoθíelʲa]
tempestade (f) de neve	χιονοθύελλα (θηλ.)	[xonoθíelʲa]

FAUNA

87. Mamíferos. Predadores

predador (m)	θηρευτής (ουδ.)	[θireftís]
tigre (m)	τίγρη (θηλ.), τίγρης (αρ.)	[tíγri], [tíγris]
leão (m)	λιοντάρι (ουδ.)	[liondári]
lobo (m)	λύκος (αρ.)	[líkos]
raposa (f)	αλεπού (θηλ.)	[alepú]

jaguar (m)	ιαγουάρος (αρ.)	[jaγuáros]
leopardo (m)	λεοπάρδαλη (θηλ.)	[leopárðali]
chita (f)	γατόπαρδος (αρ.)	[γatóparðos]

pantera (f)	πάνθηρας (αρ.)	[pánθiras]
puma (m)	πούμα (ουδ.)	[púma]
leopardo-das-neves (m)	λεοπάρδαλη (θηλ.) των χιόνων	[leopárðali ton xiónon]
lince (m)	λύγκας (αρ.)	[língas]

coiote (m)	κογιότ (ουδ.)	[kojiót]
chacal (m)	τσακάλι (ουδ.)	[tsakáli]
hiena (f)	ύαινα (θηλ.)	[íena]

88. Animais selvagens

| animal (m) | ζώο (ουδ.) | [zóo] |
| besta (f) | θηρίο (ουδ.) | [θirío] |

esquilo (m)	σκίουρος (αρ.)	[skíuros]
ouriço (m)	σκαντζόχοιρος (αρ.)	[skandzóxiros]
lebre (f)	λαγός (αρ.)	[lʲaγós]
coelho (m)	κουνέλι (ουδ.)	[kunéli]

texugo (m)	ασβός (αρ.)	[azvós]
guaxinim (m)	ρακούν (ουδ.)	[rakún]
hamster (m)	χάμστερ (ουδ.)	[xámster]
marmota (f)	μυωξός (αρ.)	[mioksós]

toupeira (f)	τυφλοπόντικας (αρ.)	[tiflʲopóndikas]
rato (m)	ποντίκι (ουδ.)	[pondíki]
ratazana (f)	αρουραίος (αρ.)	[aruréos]
morcego (m)	νυχτερίδα (θηλ.)	[nixteríða]

arminho (m)	ερμίνα (θηλ.)	[ermína]
zibelina (f)	σαμούρι (ουδ.)	[samúri]
marta (f)	κουνάβι (ουδ.)	[kunávi]
doninha (f)	νυφίτσα (θηλ.)	[nifítsa]

visom (m)	βιζόν (ουδ.)	[vizón]
castor (m)	κάστορας (αρ.)	[kástoras]
lontra (f)	ενυδρίδα (θηλ.)	[eniðríða]

cavalo (m)	άλογο (ουδ.)	[álˈoγo]
alce (m)	άλκη (θηλ.)	[álˈki]
veado (m)	ελάφι (ουδ.)	[elˈáfi]
camelo (m)	καμήλα (θηλ.)	[kamílˈa]

bisão (m)	βίσονας (αρ.)	[vísonas]
auroque (m)	βόνασος (αρ.)	[vónasos]
búfalo (m)	βούβαλος (αρ.)	[vúvalˈos]

zebra (f)	ζέβρα (θηλ.)	[zévra]
antílope (m)	αντιλόπη (θηλ.)	[andilˈópi]
corça (f)	ζαρκάδι (ουδ.)	[zarkáði]
gamo (m)	ντάμα ντάμα (ουδ.)	[dáma dáma]
camurça (f)	αγριόγιδο (ουδ.)	[aγrióγiðo]
javali (m)	αγριογούρουνο (αρ.)	[aγrioγúruno]

baleia (f)	φάλαινα (θηλ.)	[fálena]
foca (f)	φώκια (θηλ.)	[fókia]
morsa (f)	θαλάσσιος ίππος (αρ.)	[θalˈásios ípos]
urso-marinho (m)	γουνοφόρα φώκια (θηλ.)	[χunofóra fóka]
golfinho (m)	δελφίνι (ουδ.)	[ðelˈfíni]

urso (m)	αρκούδα (θηλ.)	[arkúða]
urso (m) polar	πολική αρκούδα (θηλ.)	[polikí arkúða]
panda (m)	πάντα (ουδ.)	[pánda]

macaco (m)	μαϊμού (θηλ.)	[majmú]
chimpanzé (m)	χιμπαντζής (ουδ.)	[xibadzís]
orangotango (m)	ουραγκοτάγκος (αρ.)	[urangotángos]
gorila (m)	γορίλας (αρ.)	[χorílˈas]
macaco (m)	μακάκας (αρ.)	[makákas]
gibão (m)	γίββωνας (αρ.)	[ɉívonas]

elefante (m)	ελέφαντας (αρ.)	[eléfandas]
rinoceronte (m)	ρινόκερος (αρ.)	[rinókeros]
girafa (f)	καμηλοπάρδαλη (θηλ.)	[kamilˈopárðali]
hipopótamo (m)	ιπποπόταμος (αρ.)	[ipopótamos]

canguru (m)	καγκουρό (ουδ.)	[kanguró]
coala (m)	κοάλα (ουδ.)	[koálˈa]

mangusto (m)	μαγκούστα (θηλ.)	[mangústa]
chinchila (f)	τσιντσιλά (ουδ.)	[tsintsilˈá]
cangambá (f)	μεφίτιδα (θηλ.)	[mefítiða]
porco-espinho (m)	ακανθόχοιρος (αρ.)	[akanθóxiros]

89. Animais domésticos

gata (f)	γάτα (θηλ.)	[χáta]
gato (m) macho	γάτος (αρ.)	[χátos]

cão (m)	σκύλος (αρ.)	[skíl'os]
cavalo (m)	άλογο (ουδ.)	[ál'oγo]
garanhão (m)	επιβήτορας (αρ.)	[epivítoras]
égua (f)	φοράδα (θηλ.)	[foráða]

vaca (f)	αγελάδα (θηλ.)	[ajel'áða]
touro (m)	ταύρος (αρ.)	[távros]
boi (m)	βόδι (ουδ.)	[vóði]

ovelha (f)	πρόβατο (ουδ.)	[próvato]
carneiro (m)	κριάρι (ουδ.)	[kriári]
cabra (f)	κατσίκα, γίδα (θηλ.)	[katsíka], [jíða]
bode (m)	τράγος (αρ.)	[tráγos]

burro (m)	γάιδαρος (αρ.)	[γáiðaros]
mula (f)	μουλάρι (ουδ.)	[mul'ári]

porco (m)	γουρούνι (ουδ.)	[γurúni]
leitão (m)	γουρουνάκι (ουδ.)	[γurunáki]
coelho (m)	κουνέλι (ουδ.)	[kunéli]

galinha (f)	κότα (θηλ.)	[kóta]
galo (m)	πετεινός, κόκορας (αρ.)	[petinós], [kókoras]

pata (f), pato (m)	πάπια (θηλ.)	[pápia]
pato (m)	αρσενική πάπια (θηλ.)	[arsenikí pápia]
ganso (m)	χήνα (θηλ.)	[xína]

peru (m)	γάλος (αρ.)	[γál'os]
perua (f)	γαλοπούλα (θηλ.)	[γal'opúl'a]

animais (m pl) domésticos	κατοικίδια (ουδ.πλ.)	[katikíðia]
domesticado (adj)	κατοικίδιος	[katikíðios]
domesticar (vt)	δαμάζω	[ðamázo]
criar (vt)	εκτρέφω	[ektréfo]

fazenda (f)	αγρόκτημα (ουδ.)	[aγróktima]
aves (f pl) domésticas	πουλερικό (ουδ.)	[pulerikó]
gado (m)	βοοειδή (ουδ.πλ.)	[vooiðí]
rebanho (m), manada (f)	κοπάδι (ουδ.)	[kopáði]

estábulo (m)	στάβλος (αρ.)	[stávl'os]
chiqueiro (m)	χοιροστάσιο (ουδ.)	[xirostásio]
estábulo (m)	βουστάσιο (ουδ.)	[vustásio]
coelheira (f)	κλουβί κουνελιού (ουδ.)	[kl'uví kuneliú]
galinheiro (m)	κοτέτσι (ουδ.)	[kotétsi]

90. Pássaros

pássaro (m), ave (f)	πουλί (ουδ.)	[pulí]
pombo (m)	περιστέρι (ουδ.)	[peristéri]
pardal (m)	σπουργίτι (ουδ.)	[spurjíti]
chapim-real (m)	καλόγερος (αρ.)	[kal'ójeros]
pega-rabuda (f)	καρακάξα (θηλ.)	[karakáksa]

corvo (m)	κόρακας (αρ.)	[kórakas]
gralha-cinzenta (f)	κουρούνα (θηλ.)	[kurúna]
gralha-de-nuca-cinzenta (f)	κάργα (θηλ.)	[kárɣa]
gralha-calva (f)	χαβαρόνι (ουδ.)	[xavaróni]

pato (m)	πάπια (θηλ.)	[pápia]
ganso (m)	χήνα (θηλ.)	[xína]
faisão (m)	φασιανός (αρ.)	[fasianós]

águia (f)	αετός (αρ.)	[aetós]
açor (m)	γεράκι (ουδ.)	[ieráki]
falcão (m)	γεράκι (ουδ.)	[ieráki]
abutre (m)	γύπας (αρ.)	[iípas]
condor (m)	κόνδορας (αρ.)	[kónðoras]

cisne (m)	κύκνος (αρ.)	[kíknos]
grou (m)	γερανός (αρ.)	[ieranós]
cegonha (f)	πελαργός (αρ.)	[peliarɣós]

papagaio (m)	παπαγάλος (αρ.)	[papaɣálios]
beija-flor (m)	κολιμπρί (ουδ.)	[kolibrí]
pavão (m)	παγόνι (ουδ.)	[paɣóni]

avestruz (m)	στρουθοκάμηλος (αρ.)	[struθokámilios]
garça (f)	τσικνιάς (αρ.)	[tsikniás]
flamingo (m)	φλαμίγκο (ουδ.)	[fliamíngo]
pelicano (m)	πελεκάνος (αρ.)	[pelekános]

| rouxinol (m) | αηδόνι (ουδ.) | [aiðóni] |
| andorinha (f) | χελιδόνι (ουδ.) | [xeliðóni] |

tordo-zornal (m)	τσίχλα (θηλ.)	[tsíxlia]
tordo-músico (m)	κελαηδότσιχλα (θηλ.)	[kelaiðótsixlia]
melro-preto (m)	κοτσύφι (ουδ.)	[kotsífi]

andorinhão (m)	σταχτάρα (θηλ.)	[staxtára]
cotovia (f)	κορυδαλλός (αρ.)	[koriðaliós]
codorna (f)	ορτύκι (ουδ.)	[ortíki]

pica-pau (m)	δρυοκολάπτης (αρ.)	[ðriokoliáptis]
cuco (m)	κούκος (αρ.)	[kúkos]
coruja (f)	κουκουβάγια (θηλ.)	[kukuvája]
bufo-real (m)	μπούφος (αρ.)	[búfos]
tetraz-grande (m)	αγριόκουρκος (αρ.)	[aɣriókurkos]
tetraz-lira (m)	λυροπετεινός (αρ.)	[liropetinós]
perdiz-cinzenta (f)	πέρδικα (θηλ.)	[pérðika]

estorninho (m)	ψαρόνι (ουδ.)	[psaróni]
canário (m)	καναρίνι (ουδ.)	[kanaríni]
galinha-do-mato (f)	αγριόκοτα (θηλ.)	[aɣriókota]
tentilhão (m)	σπίνος (αρ.)	[spínos]
dom-fafe (m)	πύρρουλα (αρ.)	[pírulia]

gaivota (f)	γλάρος (αρ.)	[ɣliáros]
albatroz (m)	άλμπατρος (ουδ.)	[álibatros]
pinguim (m)	πιγκουίνος (αρ.)	[pinguínos]

91. Peixes. Animais marinhos

brema (f)	αβραμίδα (θηλ.)	[avramída]
carpa (f)	κυπρίνος (αρ.)	[kiprínos]
perca (f)	πέρκα (θηλ.)	[pérka]
siluro (m)	γουλιανός (αρ.)	[γulianós]
lúcio (m)	λούτσος (αρ.)	[lʲútsos]

salmão (m)	σολομός (αρ.)	[solʲomós]
esturjão (m)	οξύρυγχος (αρ.)	[oksírinxos]

arenque (m)	ρέγγα (θηλ.)	[rénga]
salmão (m) do Atlântico	σολομός του Ατλαντικού (αρ.)	[solʲomós tu atlʲandikú]
cavala, sarda (f)	σκουμπρί (ουδ.)	[skumbrí]
solha (f), linguado (m)	πλατύψαρο (ουδ.)	[plʲatípsaro]

lúcio perca (m)	ποταμολάβρακο (ουδ.)	[potamolʲávrako]
bacalhau (m)	μπακαλιάρος (αρ.)	[bakaliáros]
atum (m)	τόνος (αρ.)	[tónos]
truta (f)	πέστροφα (θηλ.)	[péstrofa]

enguia (f)	χέλι (ουδ.)	[xéli]
raia (f) elétrica	μουδιάστρα (θηλ.)	[muðiástra]
moreia (f)	σμέρνα (θηλ.)	[zmérna]
piranha (f)	πιράνχας (ουδ.)	[piránxas]

tubarão (m)	καρχαρίας (αρ.)	[karxarías]
golfinho (m)	δελφίνι (ουδ.)	[ðelʲfíni]
baleia (f)	φάλαινα (θηλ.)	[fálɐnɐ]

caranguejo (m)	καβούρι (ουδ.)	[kavúri]
água-viva (f)	μέδουσα (θηλ.)	[méðusa]
polvo (m)	χταπόδι (ουδ.)	[xtapóði]

estrela-do-mar (f)	αστερίας (αρ.)	[asterías]
ouriço-do-mar (m)	αχινός (αρ.)	[axinós]
cavalo-marinho (m)	ιππόκαμπος (αρ.)	[ipókambos]

ostra (f)	στρείδι (ουδ.)	[stríði]
camarão (m)	γαρίδα (θηλ.)	[γaríða]
lagosta (f)	αστακός (αρ.)	[astakós]
lagosta (f)	ακανθωτός αστακός (αρ.)	[akanθotós astakós]

92. Anfíbios. Répteis

cobra (f)	φίδι (ουδ.)	[fíði]
venenoso (adj)	δηλητηριώδης	[ðilitirióðis]

víbora (f)	οχιά (θηλ.)	[oxiá]
naja (f)	κόμπρα (θηλ.)	[kóbra]
píton (m)	πύθωνας (αρ.)	[píθonas]
jiboia (f)	βόας (αρ.)	[vóas]

cobra-de-água (f)	νερόφιδο (ουδ.)	[nerófiðo]
cascavel (f)	κροταλίας (αρ.)	[krotalías]
anaconda (f)	ανακόντα (θηλ.)	[anakónda]

lagarto (m)	σαύρα (θηλ.)	[sávra]
iguana (f)	ιγκουάνα (θηλ.)	[iguána]
varano (m)	βαράνος (αρ.)	[varános]
salamandra (f)	σαλαμάντρα (θηλ.)	[salʲamándra]
camaleão (m)	χαμαιλέοντας (αρ.)	[xameléondas]
escorpião (m)	σκορπιός (αρ.)	[skorpiós]

tartaruga (f)	χελώνα (θηλ.)	[xelʲóna]
rã (f)	βάτραχος (αρ.)	[vátraxos]
sapo (m)	φρύνος (αρ.)	[frínos]
crocodilo (m)	κροκόδειλος (αρ.)	[krokóðilʲos]

93. Insetos

inseto (m)	έντομο (ουδ.)	[éndomo]
borboleta (f)	πεταλούδα (θηλ.)	[petalʲúða]
formiga (f)	μυρμήγκι (ουδ.)	[mirmíngi]
mosca (f)	μύγα (θηλ.)	[míɣa]
mosquito (m)	κουνούπι (ουδ.)	[kunúpi]
escaravelho (m)	σκαθάρι (ουδ.)	[skaθári]

vespa (f)	σφήκα (θηλ.)	[sfíka]
abelha (f)	μέλισσα (θηλ.)	[mélisa]
mamangaba (f)	βομβίνος (αρ.)	[vomvínos]
moscardo (m)	οίστρος (αρ.)	[ístros]

| aranha (f) | αράχνη (θηλ.) | [aráxni] |
| teia (f) de aranha | ιστός αράχνης (αρ.) | [istós aráxnis] |

libélula (f)	λιβελούλα (θηλ.)	[livelʲúlʲa]
gafanhoto (m)	ακρίδα (θηλ.)	[akríða]
traça (f)	νυχτοπεταλούδα (θηλ.)	[nixtopetalʲúða]

barata (f)	κατσαρίδα (θηλ.)	[katsaríða]
carrapato (m)	ακάρι (ουδ.)	[akári]
pulga (f)	ψύλλος (αρ.)	[psílʲos]
borrachudo (m)	μυγάκι (ουδ.)	[miɣáki]

gafanhoto (m)	ακρίδα (θηλ.)	[akríða]
caracol (m)	σαλιγκάρι (ουδ.)	[salingári]
grilo (m)	γρύλος (αρ.)	[ɣrílʲos]
pirilampo, vaga-lume (m)	πυγολαμπίδα (θηλ.)	[piɣolʲambíða]

| joaninha (f) | πασχαλίτσα (θηλ.) | [pasxalítsa] |
| besouro (m) | μηλολόνθη (θηλ.) | [milʲolʲónθi] |

sanguessuga (f)	βδέλλα (θηλ.)	[vðélʲa]
lagarta (f)	κάμπια (θηλ.)	[kámbia]
minhoca (f)	σκουλήκι (ουδ.)	[skulíki]
larva (f)	σκώληκας (αρ.)	[skólikas]

FLORA

94. Árvores

árvore (f)	δέντρο (ουδ.)	[δéndro]
decídua (adj)	φυλλοβόλος	[fil'ovól'os]
conífera (adj)	κωνοφόρος	[konofóros]
perene (adj)	αειθαλής	[aiθalís]

macieira (f)	μηλιά (θηλ.)	[miliá]
pereira (f)	αχλαδιά (θηλ.)	[axl'aδiá]
cerejeira (f)	κερασιά (θηλ.)	[kerasiá]
ginjeira (f)	βυσσινιά (θηλ.)	[visiniá]
ameixeira (f)	δαμασκηνιά (θηλ.)	[δamaskiniá]

bétula (f)	σημύδα (θηλ.)	[simíδa]
carvalho (m)	βελανιδιά (θηλ.)	[vel'aniδiá]
tília (f)	φλαμουριά (θηλ.)	[fl'amuriá]
choupo-tremedor (m)	λεύκα (θηλ.)	[léfka]
bordo (m)	σφεντάμι (ουδ.)	[sfendámi]
espruce (m)	έλατο (ουδ.)	[él'ato]
pinheiro (m)	πεύκο (ουδ.)	[péfko]
alerce, lariço (m)	λάριξ (θηλ.)	[l'áriks]
abeto (m)	ελάτη (θηλ.)	[el'áti]
cedro (m)	κέδρος (αρ.)	[kéδros]

choupo, álamo (m)	λεύκα (θηλ.)	[léfka]
tramazeira (f)	σουρβιά (θηλ.)	[surviá]
salgueiro (m)	ιτιά (θηλ.)	[itiá]
amieiro (m)	σκλήθρα (θηλ.)	[sklíθra]
faia (f)	οξιά (θηλ.)	[oksiá]
ulmeiro, olmo (m)	φτελιά (θηλ.)	[fteliá]
freixo (m)	μέλεγος (αρ.)	[méleγos]
castanheiro (m)	καστανιά (θηλ.)	[kastaniá]

magnólia (f)	μανόλια (θηλ.)	[manólia]
palmeira (f)	φοίνικας (αρ.)	[fínikas]
cipreste (m)	κυπαρίσσι (ουδ.)	[kiparísi]

mangue (m)	μανγκρόβιο (ουδ.)	[mangróvio]
embondeiro, baobá (m)	μπάομπαμπ (ουδ.)	[báobab]
eucalipto (m)	ευκάλυπτος (αρ.)	[efkáliptos]
sequoia (f)	σεκόγια (θηλ.)	[sekója]

95. Arbustos

arbusto (m)	θάμνος (αρ.)	[θámnos]
arbusto (m), moita (f)	θάμνος (αρ.)	[θámnos]

| videira (f) | αμπέλι (ουδ.) | [ambéli] |
| vinhedo (m) | αμπέλι (ουδ.) | [ambéli] |

framboeseira (f)	σμεουριά (θηλ.)	[zmeuriá]
groselheira-vermelha (f)	κόκκινο	[kókino
	φραγκοστάφυλο (ουδ.)	frangostáfilιo]
groselheira (f) espinhosa	λαγοκέρασο (ουδ.)	[lιaγokéraso]

acácia (f)	ακακία (θηλ.)	[akakía]
bérberis (f)	βερβερίδα (θηλ.)	[ververíða]
jasmim (m)	γιασεμί (ουδ.)	[jasemí]

junípero (m)	άρκευθος (θηλ.)	[árkefθos]
roseira (f)	τριανταφυλλιά (θηλ.)	[triandafiliá]
roseira (f) brava	αγριοτριανταφυλλιά (θηλ.)	[aγriotriandafiliá]

96. Frutos. Bagas

maçã (f)	μήλο (ουδ.)	[mílιo]
pera (f)	αχλάδι (ουδ.)	[axlιáði]
ameixa (f)	δαμάσκηνο (ουδ.)	[ðamáskino]

morango (m)	φράουλα (θηλ.)	[fráulιa]
ginja (f)	βύσσινο (ουδ.)	[vísino]
cereja (f)	κεράσι (ουδ.)	[kerási]
uva (f)	σταφύλι (ουδ.)	[stafíli]

framboesa (f)	σμέουρο (ουδ.)	[zméuro]
groselha (f) negra	μαύρο	[mávro
	φραγκοστάφυλο (ουδ.)	frangostáfilιo]
groselha (f) vermelha	κόκκινο	[kókino
	φραγκοστάφυλο (ουδ.)	frangostáfilιo]

| groselha (f) espinhosa | λαγοκέρασο (ουδ.) | [lιaγokéraso] |
| oxicoco (m) | κράνμπερι (ουδ.) | [kránberi] |

laranja (f)	πορτοκάλι (ουδ.)	[portokáli]
tangerina (f)	μανταρίνι (ουδ.)	[mandaríni]
abacaxi (m)	ανανάς (αρ.)	[ananás]

| banana (f) | μπανάνα (θηλ.) | [banána] |
| tâmara (f) | χουρμάς (αρ.) | [xurmás] |

limão (m)	λεμόνι (ουδ.)	[lemóni]
damasco (m)	βερίκοκο (ουδ.)	[veríkoko]
pêssego (m)	ροδάκινο (ουδ.)	[roðákino]

| quiuí (m) | ακτινίδιο (ουδ.) | [aktiníðio] |
| toranja (f) | γκρέιπφρουτ (ουδ.) | [gréjpfrut] |

baga (f)	μούρο (ουδ.)	[múro]
bagas (f pl)	μούρα (ουδ.πλ.)	[múra]
morango-silvestre (m)	χαμοκέρασο (ουδ.)	[kxamokéraso]
mirtilo (m)	μύρτιλλο (ουδ.)	[mírtilιo]

97. Flores. Plantas

flor (f)	λουλούδι (ουδ.)	[lʲulʲúði]
buquê (m) de flores	ανθοδέσμη (θηλ.)	[anθoðézmi]

rosa (f)	τριαντάφυλλο (ουδ.)	[triandáfilʲo]
tulipa (f)	τουλίπα (θηλ.)	[tulípa]
cravo (m)	γαρίφαλο (ουδ.)	[ɣarífalʲo]
gladíolo (m)	γλαδιόλα (θηλ.)	[ɣlʲaðiólʲa]

centáurea (f)	κενταύρια (θηλ.)	[kentávria]
campainha (f)	καμπανούλα (θηλ.)	[kampanúlʲa]
dente-de-leão (m)	ταραξάκο (ουδ.)	[taraksáko]
camomila (f)	χαμομήλι (ουδ.)	[xamomíli]

aloé (m)	αλόη (θηλ.)	[alʲói]
cacto (m)	κάκτος (αρ.)	[káktos]
fícus (m)	φίκος (αρ.)	[fíkos]

lírio (m)	κρίνος (αρ.)	[krínos]
gerânio (m)	γεράνι (ουδ.)	[ɟeráni]
jacinto (m)	υάκινθος (αρ.)	[iákinθos]

mimosa (f)	μιμόζα (θηλ.)	[mimóza]
narciso (m)	νάρκισσος (αρ.)	[nárkisos]
capuchinha (f)	καπουτσίνος (αρ.)	[kaputsínos]

orquídea (f)	ορχιδέα (θηλ.)	[orxiðéa]
peônia (f)	παιώνια (θηλ.)	[peónia]
violeta (f)	μενεξές (αρ.), βιολέτα (θηλ.)	[meneksés], [violéta]

amor-perfeito (m)	βιόλα η τρίχρωμη (θηλ.)	[viólʲa i tríxromi]
não-me-esqueças (m)	μη-με-λησμόνει (ουδ.)	[mi-me-lizmóni]
margarida (f)	μαργαρίτα (θηλ.)	[marɣaríta]

papoula (f)	παπαρούνα (θηλ.)	[paparúna]
cânhamo (m)	κάνναβη (θηλ.)	[kánavi]
hortelã, menta (f)	μέντα (θηλ.)	[ménda]

lírio-do-vale (m)	μιγκέ (ουδ.)	[mingé]
campânula-branca (f)	γάλανθος ο χιονώδης (αρ.)	[ɣálʲanθos oxonóðis]

urtiga (f)	τσουκνίδα (θηλ.)	[tsukníða]
azedinha (f)	λάπαθο (ουδ.)	[lʲápaθo]
nenúfar (m)	νούφαρο (ουδ.)	[núfaro]
samambaia (f)	φτέρη (θηλ.)	[ftéri]
líquen (m)	λειχήνα (θηλ.)	[lixína]

estufa (f)	θερμοκήπιο (ουδ.)	[θermokípio]
gramado (m)	γκαζόν (ουδ.)	[gazón]
canteiro (m) de flores	παρτέρι (ουδ.)	[partéri]

planta (f)	φυτό (ουδ.)	[fitó]
grama (f)	χορτάρι (ουδ.)	[xortári]
folha (f) de grama	χορταράκι (ουδ.)	[xortaráki]

folha (f)	φύλλο (ουδ.)	[fíl'o]
pétala (f)	πέταλο (ουδ.)	[pétal'o]
talo (m)	βλαστός (αρ.)	[vl'astós]
tubérculo (m)	βολβός (αρ.)	[vol'vós]

broto, rebento (m)	βλαστάρι (ουδ.)	[vl'astári]
espinho (m)	αγκάθι (ουδ.)	[angáθi]

florescer (vi)	ανθίζω	[anθízo]
murchar (vi)	ξεραίνομαι	[kserénome]
cheiro (m)	μυρωδιά (θηλ.)	[miroðiá]
cortar (flores)	κόβω	[kóvo]
colher (uma flor)	μαζεύω	[mazévo]

98. Cereais, grãos

grão (m)	σιτηρά (ουδ.πλ.)	[sitirá]
cereais (plantas)	δημητριακών (ουδ.πλ.)	[ðimitriakón]
espiga (f)	στάχυ (ουδ.)	[stáxi]

trigo (m)	σιτάρι (ουδ.)	[sitári]
centeio (m)	σίκαλη (θηλ.)	[síkali]
aveia (f)	βρώμη (θηλ.)	[vrómi]
painço (m)	κεχρί (ουδ.)	[kexrí]
cevada (f)	κριθάρι (ουδ.)	[kriθári]

milho (m)	καλαμπόκι (ουδ.)	[kal'ambóki]
arroz (m)	ρύζι (ουδ.)	[rízi]
trigo-sarraceno (m)	μαυροσίταρο (ουδ.)	[mavrosítaro]

ervilha (f)	αρακάς (αρ.), μπιζελιά (θηλ.)	[arakás], [bizeliá]
feijão (m) roxo	κόκκινο φασόλι (ουδ.)	[kókino fasóli]
soja (f)	σόγια (θηλ.)	[sója]
lentilha (f)	φακή (θηλ.)	[fakí]
feijão (m)	κουκί (ουδ.)	[kukí]

PAÍSES DO MUNDO

99. Países. Parte 1

Afeganistão (m)	Αφγανιστάν (ουδ.)	[afɣanistán]
África (f) do Sul	Δημοκρατία της Νότιας Αφρικής (θηλ.)	[ðimokratía tis nótias afrikís]
Albânia (f)	Αλβανία (θηλ.)	[alˈvanía]
Alemanha (f)	Γερμανία (θηλ.)	[ɟermanía]
Arábia (f) Saudita	Σαουδική Αραβία (θηλ.)	[sauðikí aravia]
Argentina (f)	Αργεντινή (θηλ.)	[arjendiní]
Armênia (f)	Αρμενία (θηλ.)	[armenía]
Austrália (f)	Αυστραλία (θηλ.)	[afstralía]
Áustria (f)	Αυστρία (θηλ.)	[afstría]
Azerbaijão (m)	Αζερμπαϊτζάν (ουδ.)	[azerbajdzán]
Bahamas (f pl)	Μπαχάμες (θηλ.πλ.)	[baxámes]
Bangladesh (m)	Μπαγκλαντές (ουδ.)	[banglˈadés]
Bélgica (f)	Βέλγιο (ουδ.)	[vélˈjo]
Belarus	Λευκορωσία (θηλ.)	[lefkorosía]
Bolívia (f)	Βολιβία (θηλ.)	[volivía]
Bosnia e Herzegovina (f)	Βοσνία-Ερζεγοβίνη (θηλ.)	[voznía erzeɣovini]
Brasil (m)	Βραζιλία (θηλ.)	[vrazilía]
Bulgária (f)	Βουλγαρία (θηλ.)	[vulˈɣaría]
Camboja (f)	Καμπότζη (θηλ.)	[kabódzi]
Canadá (m)	Καναδάς (αρ.)	[kanaðás]
Cazaquistão (m)	Καζακστάν (ουδ.)	[kazakstán]
Chile (m)	Χιλή (θηλ.)	[xilí]
China (f)	Κίνα (θηλ.)	[kína]
Chipre (m)	Κύπρος (θηλ.)	[kípros]
Colômbia (f)	Κολομβία (θηλ.)	[kolˈomvía]
Coreia (f) do Norte	Βόρεια Κορέα (θηλ.)	[vória koréa]
Coreia (f) do Sul	Νότια Κορέα (θηλ.)	[nótia koréa]
Croácia (f)	Κροατία (θηλ.)	[kroatía]
Cuba (f)	Κούβα (θηλ.)	[kúva]
Dinamarca (f)	Δανία (θηλ.)	[ðanía]
Egito (m)	Αίγυπτος (θηλ.)	[éjiptos]
Emirados Árabes Unidos	Ηνωμένα Αραβικά Εμιράτα (θηλ.πλ.)	[inoména araviká emiráta]
Equador (m)	Εκουαδόρ (ουδ.)	[ekuaðór]
Escócia (f)	Σκοτία (θηλ.)	[skotía]
Eslováquia (f)	Σλοβακία (θηλ.)	[slˈovakía]
Eslovênia (f)	Σλοβενία (θηλ.)	[slˈovenía]
Espanha (f)	Ισπανία (θηλ.)	[ispanía]
Estados Unidos da América	Ηνωμένες Πολιτείες Αμερικής (θηλ.πλ.)	[inoménes politíes amerikís]

Estônia (f)	Εσθονία (θηλ.)	[esθonía]
Finlândia (f)	Φινλανδία (θηλ.)	[finlʲandía]
França (f)	Γαλλία (θηλ.)	[ɣalía]

100. Países. Parte 2

Gana (f)	Γκάνα (θηλ.)	[gána]
Geórgia (f)	Γεωργία (θηλ.)	[jeorjía]
Grã-Bretanha (f)	Μεγάλη Βρετανία (θηλ.)	[meɣáli vretanía]
Grécia (f)	Ελλάδα (θηλ.)	[elʲáða]
Haiti (m)	Αϊτή (θηλ.)	[aití]
Hungria (f)	Ουγγαρία (θηλ.)	[ungaría]
Índia (f)	Ινδία (θηλ.)	[inðía]

Indonésia (f)	Ινδονησία (θηλ.)	[inðonisía]
Inglaterra (f)	Αγγλία (θηλ.)	[anglía]
Irã (m)	Ιράν (ουδ.)	[irán]
Iraque (m)	Ιράκ (ουδ.)	[irák]
Irlanda (f)	Ιρλανδία (θηλ.)	[irlʲanðía]
Islândia (f)	Ισλανδία (θηλ.)	[islʲanðía]
Israel (m)	Ισραήλ (ουδ.)	[izraílʲ]

Itália (f)	Ιταλία (θηλ.)	[italía]
Jamaica (f)	Τζαμάικα (θηλ.)	[dzamájka]
Japão (m)	Ιαπωνία (θηλ.)	[japonía]
Jordânia (f)	Ιορδανία (θηλ.)	[iorðanía]
Kuwait (m)	Κουβέιτ (ουδ.)	[kuvéjt]
Laos (m)	Λάος (ουδ.)	[lʲáos]
Letônia (f)	Λετονία (θηλ.)	[letonía]

Líbano (m)	Λίβανος (αρ.)	[lívanos]
Líbia (f)	Λιβύη (θηλ.)	[livíi]
Liechtenstein (m)	Λίχτενσταϊν (ουδ.)	[líxtenstajn]
Lituânia (f)	Λιθουανία (θηλ.)	[liθuanía]
Luxemburgo (m)	Λουξεμβούργο (ουδ.)	[lʲuksemvúrɣo]

| Macedônia (f) | Μακεδονία (θηλ.) | [makeðonía] |
| Madagascar (m) | Μαδαγασκάρη (θηλ.) | [maðaɣaskári] |

Malásia (f)	Μαλαισία (θηλ.)	[malesía]
Malta (f)	Μάλτα (θηλ.)	[málʲta]
Marrocos	Μαρόκο (ουδ.)	[maróko]
México (m)	Μεξικό (ουδ.)	[meksikó]
Birmânia (f)	Μιανμάρ (ουδ.)	[mianmár]

| Moldávia (f) | Μολδαβία (θηλ.) | [molʲðavía] |
| Mônaco (m) | Μονακό (ουδ.) | [monakó] |

Mongólia (f)	Μογγολία (θηλ.)	[mongolía]
Montenegro (m)	Μαυροβούνιο (ουδ.)	[mavrovúnio]
Namíbia (f)	Ναμίμπια (θηλ.)	[namíbia]
Nepal (m)	Νεπάλ (ουδ.)	[nepálʲ]
Noruega (f)	Νορβηγία (θηλ.)	[norvijía]
Nova Zelândia (f)	Νέα Ζηλανδία (θηλ.)	[néa zilʲanðía]

101. Países. Parte 3

Países Baixos (m pl)	Κάτω Χώρες (θηλ.πλ.)	[káto xóres]
Palestina (f)	Παλαιστίνη (θηλ.)	[palestíni]
Panamá (m)	Παναμάς (αρ.)	[panamás]
Paquistão (m)	Πακιστάν (ουδ.)	[pakistán]
Paraguai (m)	Παραγουάη (θηλ.)	[paraɣuái]
Peru (m)	Περού (ουδ.)	[perú]
Polinésia (f) Francesa	Γαλλική Πολυνησία (θηλ.)	[ɣalikí polinisía]

Polônia (f)	Πολωνία (θηλ.)	[polʲonía]
Portugal (m)	Πορτογαλία (θηλ.)	[portoɣalía]
Quênia (f)	Κένυα (θηλ.)	[kénia]
Quirguistão (m)	Κιργιζία (ουδ.)	[kirjizía]
República (f) Checa	Τσεχία (θηλ.)	[tsexía]
República Dominicana	Δομινικανή Δημοκρατία (θηλ.)	[ðominikaní ðimokratía]
Romênia (f)	Ρουμανία (θηλ.)	[rumanía]

Rússia (f)	Ρωσία (θηλ.)	[rosía]
Senegal (m)	Σενεγάλη (θηλ.)	[seneɣáli]
Sérvia (f)	Σερβία (θηλ.)	[servía]
Síria (f)	Συρία (θηλ.)	[siría]
Suécia (f)	Σουηδία (θηλ.)	[suiðía]
Suíça (f)	Ελβετία (θηλ.)	[elʲvetía]
Suriname (m)	Σούριναμ (ουδ.)	[súrinam]

Tailândia (f)	Ταϊλάνδη (θηλ.)	[tajlʲánði]
Taiwan (m)	Ταϊβάν (θηλ.)	[tajván]
Tajiquistão (m)	Τατζικιστάν (ουδ.)	[tadzikistán]
Tanzânia (f)	Τανζανία (θηλ.)	[tanzanía]
Tasmânia (f)	Τασμανία (θηλ.)	[tazmanía]
Tunísia (f)	Τυνησία (θηλ.)	[tinisía]
Turquemenistão (m)	Τουρκμενιστάν (ουδ.)	[turkmenistán]

Turquia (f)	Τουρκία (θηλ.)	[turkía]
Ucrânia (f)	Ουκρανία (θηλ.)	[ukranía]
Uruguai (m)	Ουρουγουάη (θηλ.)	[uruɣuái]
Uzbequistão (f)	Ουζμπεκιστάν (ουδ.)	[uzbekistán]
Vaticano (m)	Βατικανό (ουδ.)	[vatikanó]
Venezuela (f)	Βενεζουέλα (θηλ.)	[venezuélʲa]
Vietnã (m)	Βιετνάμ (ουδ.)	[vietnám]
Zanzibar (m)	Ζανζιβάρη (θηλ.)	[zanzivári]

www.ingramcontent.com/pod-product-compliance
Lightning Source LLC
Chambersburg PA
CBHW070833050426
42452CB00011B/2260